들숨날숨에
마음 챙기는 공부

대림스님 옮김

출입식념경(出入息念經, Ānāpanasati Sutta, M118)
긴 라훌라 교계경(Mahārahulovāda Sutta, M62)
청정도론(Visuddhimagga, VIII.145~244)

초기불전연구원

∴
그분
부처님
공양 올려 마땅한 분
바르게 깨달으신 분께 귀의합니다.

Namo tassa Bhagavato Arahato Sammāsambuddhassa

"라훌라야, 들숨과 날숨에 대한 마음챙김을 닦아라. 라훌라야, 들숨과 날숨에 대한 마음챙김을 닦고 거듭거듭 행하면 실로 큰 결실과 큰 이익이 있다."

— 「긴 라훌라 교계경」

| 목 차 |

약어
들어가는 말 _ 9
개정판을 내며 _ 17

들숨날숨에 마음챙기는 경
　　(出入息念經, M118) _ 19
긴 라훌라 교계경
　　(大敎誡羅睺羅經, M62) _ 51
들숨날숨에 마음챙기는 공부의 상세한 설명
　　(청정도론, VIII.145~244) _ 65

부록: 몸에 마음챙기는 경
　　(念身經, M119) _ 129

약어

D.	Dīgha Nikāya(장부)
DA.	Dīgha Nikāya Aṭṭhakathā = Sumaṅgalavilāsinī(장부 주석서)
M.	Majjhima Nikāya(중부)
MA.	Majjhima Nikāya Aṭṭhakathā = Papañcasūdanī(중부 주석서)
Miln.	Milindapaṇha(밀린다왕문경)
Pm.	Paramatthamañjūsā = Visuddhimagga Mahāṭīkā(청정도론 주석서)
Ps.	Paṭisambhidāmagga(무애해도)
S.	Saṁyutta Nikāya(상응부)
Vis.	Visuddhimagga(청정도론)
Yam.	Yamaka(쌍론)

※ 『청정도론』은 HOS(Habard Oriental Series)본을, Pm은 미얀마 6차 결집본을, 그 외는 PTS본을 저본으로 했다.

들어가는 말

부처님께서는 어떤 수행법을 통해서 깨달음을 얻으셨을까? 만일 부처님께서 직접 행하신 수행법이 있다면 그것은 무엇일까? 많은 불자들이 가지는 관심 중의 하나이다. 여기에 대해서 초기경은 별다른 언급을 하고 있지 않다. 그러나 부처님의 성도과정을 언급하고 있는『중부』「긴 삿짜까 경」(Mahāsaccaka Sutta, M36)의 주석에 의하면 부처님께서는 '들숨날숨에 대한 마음챙김(ānapānasati, 出入息念)'을 통해서 증득한 초선이 깨달음을 얻는 길이라고 판단하셨다고 언급하고 있다.[1] 본서의 제1장에서 번역소개하고 있는『중부』「들숨날숨에 마음챙기는 경」(Ānāpānasati Sutta, 出入息念經, M118)에서 보듯이 부처님께서는 해제를 늦추시면서 까지 여러 비구들에게 들숨날숨에 마음챙기는 공부를 독려하고 계시며, 본서의 제2장에서 소개하고 있는『중부』「긴 라훌라 교계경」(Mahārahulovāda Sutta, M62)에서도 나타나듯이 부처님께서는 당신의 외아들인 라훌라 존자께도

---

1) *siyā nu kho eso maggo bodhāyāti bhaveyya nu kho etaṁ ānāpānassatipaṭhamajjhānaṁ bujjhanatthāya maggoti.*(MA.ii.291)

이 들숨날숨에 마음챙기는 공부를 가르치고 계신다. 그 이외 여러 주석서들에 의하면 아난존자 등 중요한 직계제자들도 들숨날숨에 마음챙기는 공부를 통해서 아라한과를 얻었다고 언급하고 있다. 그리고 『장부 주석서』(DA)에 의하면 들숨날숨에 대한 마음챙김의 확립은 "모든 부처님과 벽지불과 성문들이 특별함을 증득하여 지금 여기서 행복하게 머무는 기초가 된다"고 설명하고 있다.2) 그만큼 들숨날숨에 대한 마음챙김은 불교수행에서 각별한 위치를 차지하고 있다.

위에서 언급한 「들숨날숨에 마음챙기는 경」(M118)과 「긴 라훌라 교계경」(M62) 외에도 『상응부』 제54상응인 『들숨날숨의 상응(Ānāpāna Saṁyutta)』의 여러 경들은 들숨날숨에 대한 마음챙김을 주제로 엮은 것이다.3) 이런 일련의 경들에서 부처님께서는 들숨날숨에 대한 마음챙김을 꼭 같은 정형구로 정형화하여 설하고 계신다.

남방불교의 부동의 준거가 되는 『청정도론』(淸淨道論, Visuddhimagga)에서도 들숨날숨에 대한 마음챙김은 아주 상세하게 설명되고 있다. 『청정도론』에서는 이런 여러 경들에 나타나

---

2) 『네 가지 마음챙기는 공부』 초기불전연구원, 2004, 120쪽 참조.
3) 『상응부』 『들숨날숨의 상응(Ānāpāna Saṁyutta)』(S54)의 여러 경들은 이 두 경과 그 내용이 거의 같으므로 따로 번역하여 옮기지 않고 생략하였다.

는 들숨날숨에 대한 마음챙김의 정형구를 열여섯 단계로 구분해서⁴⁾ 설명하고 있으며 이것을 다시 네 개씩 조를 짜서 네 가지로 나누어서 설명한다. 그 중 첫 번째 네 개조에서는 특히 여덟 단계⁵⁾로 들숨날숨에 마음챙기는 공부의 기초를 자세하게 설하고 있는데 초기불교의 기본 수행법을 이해하는데 아주 중요한 자료이다.

이런 사정으로 초기불전연구원에서는 이런 중요한 수행법을 독자들께 먼저 소개하는 것이 마땅하다고 판단하여 들숨날숨에 관계된 주요 경들과 주석들을 모아서 <초기불전 시리즈>의 두 번째로 본서를 출간하게 되었다.

본서의 제1장은 『중부』 「들숨날숨에 마음챙기는 경」(出入息念經, Ānāpānasati Sutta, M118)⁶⁾과 그에 해당하는 『중부 주석서(MA)』의 번역이다. 『중부 주석서』 가운데 본경에 해당하는 주석은 너무 간략하고 특히 실제 수행과는 큰 관련이 없기 때문에 본 주석서를 통해서 「들숨날숨에 마음챙기는 경」을 제대로 이해하기란 불가능하다. 그러나 주석서에서는 본경에 대해

---

4) 여기에 대해서는 아래 13쪽을 참조할 것.
5) 본서 15쪽과 93쪽 이하를 참조할 것.
6) 꼭 같은 경은 아니지만 후한(後漢)(A.D. 148~170) 시대 때 안세고(安世高)는 「불설대안반수의경」(佛說大安般守意經, 부처님이 설하신 들숨날숨에 마음챙기는 경)을 번역하였다. 그만큼 아주 초기부터 중국에 소개된 수행법이다.

서 어떻게 설명을 하는지 그 주석서의 성격을 파악하는 것을 돕기 위해서 전문을 다 번역하였다. 본경에 대한 주석서뿐만 아니라 다른 여러 주석서들에서도 이렇게 상세하게 설명을 하지 않고 생략해버리는 근본원인은 4부 니까야(Nikāya)의 총체적인 주석서인 『청정도론』에서 상세하게 설명하고 있기 때문이다. 실제로 본경에 해당하는 주석에서는 "이 들숨날숨의 명상주제에 관해서는 모든 측면에서 『청정도론』에서 상세하게 설했기 때문에 그곳에서 설한 방법대로 경전의 뜻과 수행하는 방법을 알아야 한다"라고 언급하고 있다. 그래서 본서의 제3장에서 『청정도론』 제8장에 나타나는 들숨날숨에 대한 마음챙김의 부분(§§145~244)을 모두 옮겨서 실었다.

본서의 제2장은 부처님께서 라훌라 존자에게 들숨날숨에 마음챙기는 공부를 권유하면서 설해주신 그 유명한 『중부』 「긴 라훌라 교계경」(Mahārahulovāda Sutta, M62)을 옮긴 것이다. 본경에서는 특히 오온(몸, 느낌, 인식, 심리현상들, 알음알이)과 무아와 사대(四大)를 관찰하는 공부와 사무량심[四梵住]과 부정관(不淨觀)을 닦는 공부와 무상을 관찰하는 공부를 먼저 설하시고 나서 결론적으로 들숨날숨에 마음챙기는 공부를 설하시고 있음이 주목할 만한 것이다. 『중부 주석서』 가운데 본경의 주석에도 수행과 관련된 부분은 거의 나타나지 않는다. 그래서 본경에 해당하는 중부 주석서는 옮겨 싣지 않았다.

이미 언급한대로 본서의 제3장은 『청정도론』에 나타나는 들숨날숨에 대한 마음챙김의 해당부분을 모두 옮긴 것이다. 빠알리 삼장과 주석서들을 통틀어서 들숨날숨에 마음챙기는 공부는 『청정도론』의 바로 이 부분에서 아주 상세하게 설명되고 있기 때문이다. 여기서 저자 붓다고사 스님은 『상응부』 『들숨날숨의 상응』의 「웨살리 경」(Vesālī Sutta, S54:9/v.320-22)의 구절들을 인용하고 이를 주석하는 형태로 들숨날숨에 마음챙기는 공부를 상세하게 설명하고 있다.

앞서 설명했듯이 여기서 저자는 들숨날숨에 마음챙기는 공부의 정형구를 모두 열여섯 단계로 나누고 이를 다시 네 개조씩 묶어서 총 네 부분으로 나누어서 설명하고 있다(4×4=16). 그 열여섯 단계는 다음과 같다.

① 길게 들이쉬면서는 '길게 들이쉰다.'고 꿰뚫어 알고(pajānāti), 길게 내쉬면서는 '길게 내쉰다.'고 꿰뚫어 안다.
② 짧게 들이쉬면서는 '짧게 들이쉰다.'고 꿰뚫어 알고, 짧게 내쉬면서는 '짧게 내쉰다.'고 꿰뚫어 안다.
③ '온 몸을 경험하면서 들이쉬리라.'며 공부짓고(sikkhati), '온 몸을 경험하면서 내쉬리라.'며 공부짓는다.
④ '몸의 작용(身行)을 편안히 하면서 들이쉬리라.'며 …
⑤ '희열을 경험하면서 들이쉬리라.'며 …

⑥ '행복을 경험하면서 들이쉬리라.'며 …
⑦ '마음의 작용을 경험하면서 들이쉬리라.'며 …
⑧ '마음의 작용을 편안히 하면서 들이쉬리라.'며 …
⑨ '마음을 경험하면서 들이쉬리라.'며 …
⑩ '마음을 기쁘게 하면서 들이쉬리라.'며 …
⑪ '마음을 집중하면서 들이쉬리라.'며 …
⑫ '마음을 해탈케 하면서 들이쉬리라.'며 …
⑬ '무상을 관찰하면서 들이쉬리라.'며 …
⑭ '탐욕이 빛바램을 관찰하면서 들이쉬리라.'며 …
⑮ '소멸을 관찰하면서 들이쉬리라.'며 …
⑯ '놓아버림을 관찰하면서 들이쉬리라.'며 공부짓고 '놓아버림을 관찰하면서 내쉬리라.'며 공부짓는다.

「들숨날숨에 마음챙기는 경」에서 부처님께서는 ①-④를 사념처의 신념처(身念處, 몸에 대한 마음챙김)에 해당한다고 설하고 계신데 이 부분은 대념처경의 신념처 가운데서 '들숨날숨에 대한 마음챙김'과 일치한다. 나머지도 넷씩 한 개조로 묶어 각각을 수념처(受念處, 느낌에 대한 마음챙김)와 심념처(心念處, 마음에 대한 마음챙김)와 법념처(法念處, 법에 대한 마음챙김)로 설하고 계신다. 『청정도론』에서도 이 가운데서 첫 번째 네 개조는 초심자를 위한 가장 기본이 되는 명상주제이며, 나머지 세 가지 네 개조는 첫 번째 네 개조를 통해서 삼매를 증득한 자를 위해서 느낌

[受], 마음[心], 법(法)의 관찰로써 설한 것이라고 설명하고 있다.7) 물론 본서 제1장에 소개하고 있는 「들숨날숨에 마음챙기는 경」에서 이미 부처님께서는 이 공부를 이처럼 신·수·심·법의 네 가지 마음챙기는 공부로 설하고 계신다. 그러므로 이 들숨날숨에 마음챙기는 공부를 통해서 제4선을 얻고 그것을 바탕으로 위빳사나를 하여 무애해를 겸한 아라한과를 얻기를 원하는 수행자를 위해서 설한 것이 바로 이 열여섯 단계의 들숨날숨에 마음챙기는 공부법이다.8)

특히 『청정도론』에서는 이 공부법을 ① 헤아림(gaṇanā) ② 연결(anubandhanā) ③ 닿음(phusanā) ④ 안주함(ṭhapanā) ⑤ 주시(sallakkhaṇā) ⑥ 환멸(還滅, vivaṭṭanā) ⑦ 두루 청정함(pārisuddhi) ⑧ 되돌아봄(paṭipassanā)의 여덟 단계로 설명하는데9) 아주 요긴한 가르침이므로 본서의 해당부분을 정독할 것을 권한다.

아울러 우리가 주목해야 할 점은 『청정도론』에서는 들숨날숨을 챙기는 것을 '숨이 계속해서 닿는 부분에 마음챙김을 두고(phuṭṭha-phuṭṭha-okāse satiṁ ṭhapetvā, VIII.194)'라고 구체적으로 설명하고 있다는 것이다. 이것은 들숨날숨에 마음챙기는 공부에 대한 가장 중요한 설명으로 남방 스님들이 많이 인용하는

---

7) 『청정도론』 VIII.186.
8) Ibid.
9) 『청정도론』 VIII.189. 본서 93쪽 이하를 참조할 것.

구문이다.

아울러 『청정도론』의 이런 설명은 지금 미얀마에서 가르치고 있는 마하시 수행법과 인도 등지에서 가르치고 있는 고엔카 수행법의 논리적인 근거가 되는 것이므로 우리가 정독해서 음미해봐야 할 부분이다.

그리고 부록으로 『중부』 「몸에 마음챙기는 경」(Kāyagatāsati Sutta, 念身經, M119)을 한글로 옮겨 실었다. 이 경은 초기불전연구원에서 <초기불전 시리즈 001>로 이미 출판한 『네 가지 마음챙기는 공부』(「대념처경」 및 그 주석서)의 몸에 대한 마음챙김 부분과 대동소이한 내용이기는 하지만 「몸에 마음챙기는 경」에서는 이런 몸에 대한 마음챙김을 닦아서 네 가지 삼매[四禪]와 여섯 가지 신통[六通]을 증득하고 이를 통해 심해탈로 향하는 공부를 설명하고 있는 점이 다르다. 「대념처경」(D22)에서는 네 가지 마음챙김이 자연스럽게 고집멸도의 사성제의 관찰로 승화되어 번뇌를 소멸하는 혜해탈의 공부법을 설하고 있다.

초기불전연구원에서는 이렇게 본서에서 들숨날숨에 대한 마음챙김과 몸에 대한 마음챙김을 설하신 경들을 소개함으로써 <초기불전 시리즈> 1과 2를 통해서 초기경에서 부처님께서 설하신 중요한 수행법을 모두 소개하게 되었다. 독자들께서 초기 수행법을 이해하는데 조금이라도 도움되기를 바란다.

개정판을 내며

들숨날숨에 마음챙기는 공부를 출간한지 2년 만에 개정판을 내게 되었다. 재판 대신 개정판을 내게 된 데는 몇 가지 이유가 있다.

먼저 초판에서 「들숨날숨에 마음챙기는 경」(출입식념경)의 상당한 부분(§28이하)이 누락이 되어버렸다. 편집과정에서 계속해서 백업 파일을 만들고 파일을 이리저리 옮기는 와중에 벌어진 전혀 예기치 못한 실수였다. 이번 개정판에서는 누락된 부분을 모두 살려내었다.

본서의 초판을 발간한 후에 본 연구원에서 『청정도론』을 3권으로 출간하였다. 이번에 개정판을 내면서 본서에서 소개하고 있는 <들숨날숨에 대한 마음챙김의 자세한 설명> 부분을 『청정도론』의 해당부분 번역과 일치시켰다.

편집과 표지 디자인을 새롭게 하였다. 초판을 서둘러서 내면서 편집이 정교하지 못했던 것이 사실이다. 개정판을 내면서는 편집을 새롭게 하고 표지 디자인을 바꾸었다. 새 표지 디자인을 만들어 준 황영수 불자님께 감사드린다.

이제 여러 독자님들의 애정 어린 지적을 해주신 바에 힘입어서 이번에 개정판을 출간하게 되었다. 경전번역은 하면 할수록 어렵고 두려운 일이라는 사실을 절감해 간다. 본서 개정판 출간을 계기로 초기불전연구원에서는 경전의 번역과 교정과 편집을 더 조심스럽게 할 것을 다짐한다. 개정판을 통해서 발견될 잘못된 부분에 대해서는 다시 한 번 독자 여러분들의 매서운 질정을 바란다.

불기 2549년 8월

수미정사에서
대림 삼가 씀

들숨날숨에 마음챙기는 경
出入息念經
Ānāpānasati Sutta(M118)

1. 이와 같이 나는 들었다. 한 때 세존께서는 유명한 여러 장로 제자들과 함께 즉, 사리뿟따 존자, 마하목갈라나 존자, 마하깟사빠 존자, 마하깟짜야나 존자, 마하꿋티따 존자, 마하깝삐나 존자, 마하쭌다 존자, 아누룻다 존자, 레와따 존자, 아난다 존자와 그 외 여러 잘 알려진 장로 제자들과 함께 사왓티에 있는 동승원의 녹자모 강당에 머무셨다.

이와 같이 나는 들었다라는 것은 「들숨날숨에 마음챙기는 경」(출입식념경)을 말한다. **그 외**라는 것은 '경에서 설한 열 분의 장로들을 제외한 유명한 여러 제자들과'라는 말이다. 그 때 참으로 헤아릴 수 없는 큰 비구 대중이 있었다 한다.

2. 그 무렵에 장로 비구들은 신참 비구들을 경책하고 훈계하였다. 어떤 장로 비구들은 열 명의 신참 비구들을 경책하고 훈계하였고 어떤 장로 비구들은 스무 명의 …서른 명의 … 마흔 명의 비구들을 경책하고 훈계하였다. 그 신참 비구들은 장로 비구들의 경책과 훈계를 받아서 차차 고귀한 특별한 경지를 알게 되었다.

경책하고 훈계하였다라는 것은 음식에 관한 친절함과 법에 관한 친절함인 두 종류의 친절로써 호의를 베풀면서 명상주제에 대한 경책과 훈계로써 경책하고 훈계하였다. **그리고 그들은**에서 그리고(ca)라는 문자는 접속어일 뿐이다. **차차 고귀한 특별한 경지를 알게 되었다**라는 것은 계행을 구족함이 그 출발인 이전의 특별함보다 더 고귀하며 그 다음인 까시나를 통한 준비의 마음 등의 [禪의] 특별함을 알았다는 뜻이다.

3. 그 무렵 세존께서는 우안거 해제일의 보름 포살일에 보름달 아래 비구 승가에 둘러싸여서 노지에 앉아 계셨다. 그때 세존께서는 시종일관 침묵을 지키던 비구 승가를 둘러보시고 비구들을 불러 말씀하셨다.

4. "비구들이여, 나는 이런 도닦음 때문에 흡족하다. 비구들이여, 나의 마음은 이런 도닦음 때문에 흡족하다. 비

구들이여, 그러므로 여기서 얻지 못한 것을 얻고 증득하지 못한 것을 증득하고 실현하지 못한 것을 실현하기 위해 더욱더 정진하라. 나는 여기 사왓티에서 네 번째 달의 보름인 꼬무디를 맞을 것이다."

흡족하다는 만족하다는 뜻이다. **얻지 못한 경지를 얻기 위하여**라는 것은 '얻지 못한 아라한과를 얻기 위하여'라는 뜻이다. 나머지 두 가지의 문구도 바로 이 뜻이다.

네 번째 달의 보름인 꼬무디란 '[우기철의] 마지막 네 번째 달인 깟띠까달의 보름'이란 뜻이다.10) 왜냐하면 [이 즈음에] 수련(kumuda)이 피기 때문에 꼬무디(komudī)라 불리고, 우기인 넉 달

---

10) 일반적으로 인도의 우기철은 다섯 달로 구성된다. 그것은 ① 아살하(Āsāḷha) ② 사와나(Sāvaṇa) ③ 밧다라(Bhaddara 혹은 Poṭṭhapāda) ④ 앗사유자(Assayuja) ⑤ 깟띠까(Kattikā)이다. 이 가운데 네 번째 달인 앗사유자를 '앞의 깟띠까(Pubba-kattikā)'라 하기도 하고 다섯 번째 달인 깟띠까를 '뒤의 깟띠까(Pacchima-kattika)'라 부르기도 한다. 그리고 이 둘은 '깟띠까의 두 달(Kattikā-dvemāsika)'이라고 불리기도 한다.

안거(vassa)는 아살하 달의 보름에 시작해서 앗사유자의 보름에 마치는데 이렇게 되면 석 달간 결제를 하는 것이 된다. 이렇게 결제에 임하는 비구를 '깟띠까 석 달을 [결제한 자](Kattikā-temāsika)'라고 부른다. 마지막 깟띠까 달까지 포함하여 결제한 비구를 '깟띠까 넉 달을 [결제한 자](Kattikā-catumāsika)'라 한다.

본 주석서에서는 석 달 안거에다 한 달을 더 연장해서 넉 달을 안거하는 것에 대해서 설명하고 있다.

의 마지막이기 때문에 '네 번째 달(catumasini)'이다. 그러므로 '네 번째 달의 [보름인] 꼬무디'라 불린다. **맞을 것이다**란 볼 것이다, 즉 '오늘 해제를 않고 그것이 올 때까지 어느 곳에도 가지 않고 오직 여기서 머무를 것이다.'라는 뜻이다. 이처럼 비구들에게 해제 일을 연기하는 것에 대해 공고하면서 이와 같이 말씀하신 것이다.

해제 일을 연기하는 것은 냐띠깜마(대중공사)를 통해서 행해진다. 이것은 누구에겐 해당되고 누구에겐 해당되지 않는가? 어리석은 범부들에겐 해당되지 않는다. 그와 마찬가지로 위빳사나를 시작한 자와 성스러운 제자들에게도 해당되지 않는다. 그러나 사마타가 아직 약하거나 위빳사나가 약한 자에게는 해당된다.

그 때 세존께서도 비구들의 마음의 작용을 검증하시면서 사마타와 위빳사나가 약한 것을 아시고 "오늘 해제를 하면 사방에서 안거를 지낸 비구들이 이곳으로 떠나올 것이다. 그들이 [여기 와서] 원로비구들로부터 거처를 얻어 머물면 특별함을 일으킬 수 없을 것이다. 그리고 내가 만약 유행하면서 떠나버리면 이런 수행처를 얻기가 쉽지 않을 것이다. 그러나 내가 만약 해제를 하지 않는다면 다른 비구들도 이 사왓티로 떠나오지 않을 것이고 나도 유행하면서 떠나지 않을 것이다. 그렇게 되면 비구들의 거처도 방해를 받지 않을 것이다. 그들은 각자 자기의 거처에서 편안히 머물면서 사마타와 위빳사나를 증장시켜 특별함을 일으킬 수 있을 것이다."라고 생각하시면서 그날 해제를 하지 않고 까띠까 달의 보름날에 해제하리라고 비구들에게 해제를 연기하는 것을 통고

하셨다.

해제일이 연기되어 공부의 발판을 원하는 자에게 법사나 은사들이 다가가면 그 자도 "만약 발판을 마련해 줄 적절한 분이 오면 그 분 곁에서 발판을 얻으리라"고 생각하면서 여름의 마지막 달까지 머물 수 있다. 그리고 이 해제를 연기하는 것이 비록 단 한 사람에게만 해당된다 하더라도 그것은 모든 대중에게 다 적용된다.[11]

5. 지방에 거주하는 비구들은 세존께서 그곳 사왓티에서 네 번째 달의 보름인 꼬무디를 맞을 것이라는 것을 들었다. 지방에 거주하는 그 비구들은 세존을 뵈러 사왓티로 떠났다.

사왓티로 떠났다는 것은 세존께서 해제일을 연기하셨다라고 들은 곳에서는 각각 그곳에서 본래대로 한 달을 더 머물고 깟띠까 달의 보름날에 포살을 행하고 떠나는 비구들을 일러 이렇게 말했다.

6. 그러자 그 장로 비구들은 더욱더 신참 비구들을 경책하고 훈계하였나니 어떤 장로 비구들은 열 명의 신참 비구들을 경책하고 훈계하였고 어떤 장로 비구들은 스무 명의

---

11) 일단 해제 연기를 결정하면 그 안거에 참여한 모든 비구들이 모두 다 같이 해제를 연기해야 한다는 말이다.

··· 서른 명의 ··· 마흔 명의 비구들을 경책하고 훈계하였다. 그들 신참 비구들은 장로 비구들의 경책과 훈계를 받아서 차차 고귀한 특별한 경지를 알게 되었다.

> **차차**라는 것은 여기 사마타와 위빳사나가 약한 자들이 수행을 하여 사마타와 위빳사나가 강하게 되었을 때 이것은 예비단계(*pubbe*)의 특별함이라 하고, 그 뒤에 고요해진 마음으로 상카라[行]들을 명상하면서 어떤 이들은 예류과를 얻고 ··· 어떤 이들은 아라한과를 얻었을 때 이것은 그 다음(*aparo*)의 고귀한 특별함이라 한다.

7. 그 무렵 세존께서는 네 번째 달의 꼬무디 보름 포살일에 보름달 아래 비구 승가에 둘러싸여서 노지에 앉아 계셨다. 그때 세존께서는 시종일관 침묵을 지키던 비구승가를 둘러보시고 비구들을 불러 말씀하셨다.

8. "비구들이여, 이 회중은 잡담을 하지 않는다. 비구들이여, 이 회중은 떠들지 않는다. 이것은 순수하고 완전한 것이다. 비구들이여, 이 비구 승가는 그러하고 이 회중은 그러하다. 비구들이여, 이 회중은 공양받아 마땅하고, 환대받아 마땅하며, 보시받아 마땅하고, 합장받아 마땅하며, 이 세상에 다시없는 복전(福田)이니 이 비구승가는 그러하고 이 회

중은 그러하다. 비구들이여, 이 회중에겐 적게 보시해도 큰 [결실을] 가져오고 많이 보시하면 더 큰 [결실을] 가져오나니 이 비구승가는 그러하고 이 회중은 그러하다. 비구들이여, 이 회중은 세상에서 친견하기 어렵나니 이 비구승가는 그러하고 이 회중은 그러하다. 비구들이여, 이 회중을 친견하기 위해 어깨에 [먹을거리를 준비한] 자루를 메고 먼 유순의 거리라도 마땅히 찾아가야 하나니 이 비구승가는 그러하고 이 회중은 그러하다."

충분하다는 적절하다는 뜻이다. **먼 유순**이란 한 유순도 유순이라 하고, 열 유순도 유순이라 한다. 그 보다 먼 것은 먼 유순이라 부른다. 여기서는 백 유순이나 천 유순을 뜻한다. **어깨에 멘 자루**란 여행 도중에 먹을 도시락을 뜻한다. 그 도시락을 싸갖고서라도 마땅히 친견하러 가야 한다는 뜻이다. '뿌또세나삐(*puṭosenā pi*, 어깨에 멘 자루)'를 '뿌땅세나(*puṭaṃsena*)'라고 독송하기도 한다. 그 뜻은 이와 같다 — 그의 어깨에 자루가 있기 때문에 '뿌땅사(*puṭaṃsa*)'라 한다. 그 뿌땅사로써, 즉, '여행도중 먹을 음식자루를 어깨에 메고서라도'라는 뜻이다.

9. "비구들이여, 이 비구승가에는 아라한들이 있어서 번뇌를 다했고 성스러운 삶을 살았으며 할 바를 다했고 짐을 내려놓았으며 참된 이상을 실현했고 존재에 대한 족쇄를

부수었으며 바른 구경의 지혜로 해탈했다. 비구들이여, 이 비구승가에는 이러한 비구들이 있다."

이제 이와 같은 형태의 품행을 갖춘 비구들이 여기 있다는 것을 보이기 위해 '비구들이여, 이 비구 승가에는 [아라한들이] 있다.'라고 말씀을 시작하셨다.

10. "비구들이여, 이 비구승가에는 다섯 가지 낮은 족쇄를 부수어 [정거천에] 화생할[不還] 비구들이 있다. 그들은 그곳에서 열반에 들어 그 세계로부터 다시는 돌아오는 법이 없다. 비구들이여, 이 비구승가에는 이러한 비구들이 있다."

11. "비구들이여, 이 비구승가에는 세 가지 족쇄를 부수고 탐욕과 성냄과 미혹이 엷어진 한 번만 돌아 올[一來] 비구들이 있나니 그들은 한 번만 이 세상에 돌아와서 괴로움을 종식시킬 것이다. 비구들이여, 이 비구승가에는 이러한 비구들이 있다."

12. "비구들이여, 이 비구승가에는 세 가지 족쇄를 부수어 흐름에 든[預流] 비구들이 있나니 그들은 [파멸처에] 떨어지는 법이 없고 [해탈이] 확실하며 바른 깨달음으로 나아간다. 비구들이여, 이 비구승가에는 이러한 비구들이 있다."

13. "비구들이여, 이 비구승가에는 네 가지 마음챙김의 확립[四念處]을 닦는 것에 몰두하여 머무는 비구들이 있다. 비구들이여, 이 비구승가에는 이런 비구들이 있다. 비구들이여, 이 비구승가에는 네 가지 바른 노력[四正勤]을 … 네 가지 성취수단[四如意足]을 … 다섯 가지 기능[五根]을 … 다섯 가지 힘[五力]을 … 일곱 가지 깨달음의 구성요소[七覺支]를 … 성스러운 여덟 가지의 도[八支聖道]를 닦는 것에 몰두하여 머무는 비구들이 있다. 비구들이여, 이 비구승가에는 이런 비구들이 있다."

14. "비구들이여, 이 비구승가에는 자애[慈]를 … 연민[悲]을 … 더불어 기뻐함[喜]을 … 평온[捨]을 닦는 것에 몰두하여 머무는 비구들이 있다. 비구들이여, 이 비구승가에는 이런 비구들이 있다. 비구들이여, 이 비구승가에는 부정[관]을 닦는 것에 몰두하여 머무는 비구들이 있다. 무상의 인식을 닦는 것에 몰두하여 머무는 비구들이 있다. 비구들이여, 이 비구승가에는 이런 비구들이 있다. 비구들이여, 이 비구승가에는 들숨날숨에 대한 마음챙김을 닦는 것에 몰두하여 머무는 비구들이 있다."

이 가운데서 **네 가지 마음챙김의 확립**으로 시작하는 말씀은 그 비구들에게 사유해야 할 명상주제를 보이기 위해서 설하셨다. 여기서 37조도품은 세간적인 것과 출세간적인 것으로 설하셨다. 이 둘 중에서 그 순간에 도를 닦는 비구들에게 이것은 출세간적인 것이고, 위빳사나를 시작한 자들에겐 이것은 세간적인 것이다. 무상의 인식을 닦는 것에 몰두하면서라는 것에서는 인식을 중시한 위빳사나를 설했다.

15. "비구들이여, 들숨날숨에 대한 마음챙김을 닦고 거듭거듭 행하면 큰 결실이 있고 큰 이익이 있다. 비구들이여, 들숨날숨에 대한 마음챙김을 닦고 거듭거듭 행하면 네 가지 마음챙김의 확립[四念處]을 성취한다. 네 가지 마음챙김을 닦고 거듭거듭 행하면 일곱 가지 깨달음의 구성요소[七覺支]들을 성취한다. 일곱 가지 깨달음의 구성요소를 닦고 거듭거듭 행하면 영지(靈知)와 해탈을 성취한다."

그러나 여기서 많은 비구들이 들숨날숨의 명상주제로서 사유하기 때문에 나머지 명상주제들은 간략히 설하고 들숨날숨의 명상주제는 상세하게 설하시면서 **비구들이여, 들숨날숨에 대한 마음챙김을** 이라고 말씀을 시작하셨다. 그러나 이 들숨날숨의 명상주제에 관해서는 모든 측면에서 『청정도론』에서 상세하게 설했기 때문에 그곳에서 설한 방법대로 경전의 뜻과 수행하는 방법을 알아야 한다.

16. "비구들이여, 어떻게 들숨날숨에 대한 마음챙김을 닦고 어떻게 거듭거듭 행하면 큰 결실이 있고 큰 이익이 있는가?"

17. "비구들이여, 여기 비구는 숲 속에 가거나 나무 아래에 가거나 빈 방에 가거나 하여 가부좌를 틀고 상체를 곧추 세우고 전면에 마음챙김을 확립하여 앉는다. 그는 마음챙기면서 숨을 들이쉬고 마음챙기면서 숨을 내쉰다."

18. "① 길게 들이쉬면서는 '길게 들이쉰다.'고 꿰뚫어 알고(*pajānāti*), 길게 내쉬면서는 '길게 내쉰다.'고 꿰뚫어 안다. ② 짧게 들이쉬면서는 '짧게 들이쉰다.'고 꿰뚫어 알고, 짧게 내쉬면서는 '짧게 내쉰다.'고 꿰뚫어 안다. ③ '온 몸을 경험하면서 들이쉬리라.'며 공부짓고(*sikkhati*) '온 몸을 경험하면서 내쉬리라.'며 공부짓는다. ④ '몸의 작용[身行]을 편안히 하면서 들이쉬리라.'며 공부짓고 '몸의 작용을 편안히 하면서 내쉬리라.'며 공부짓는다."

19. "⑤ '희열을 경험하면서 들이쉬리라.'며 공부짓고 '희열을 경험하면서 내쉬리라.'며 공부짓는다. ⑥ '행복을 경험하면서 들이쉬리라.'며 공부짓고 '행복을 경험하면서 내쉬

리라.'며 공부짓는다. ⑦ '마음의 작용[心行]을 경험하면서 들이쉬리라.'며 공부짓고 '마음의 작용을 경험하면서 내쉬리라.'며 공부짓는다. ⑧ '마음의 작용을 편안히 하면서 들이쉬리라.' 며 공부짓고 '마음의 작용을 편안히 하면서 내쉬리라.'며 공부짓는다."

20. "⑨ '마음을 경험하면서 들이쉬리라.'며 공부짓고 '마음을 경험하면서 내쉬리라.'며 공부짓는다. ⑩ '마음을 기쁘게 하면서 들이쉬리라.'며 공부짓고 '마음을 기쁘게 하면서 내쉬리라.'며 공부짓는다. ⑪ '마음을 집중하면서 들이쉬리라.'며 공부짓고 '마음을 집중하면서 내쉬리라.'며 공부짓는다. ⑫ '마음을 해탈케 하면서 들이쉬리라.'며 공부짓고 '마음을 해탈케 하면서 내쉬리라.'며 공부짓는다."

21. "⑬ '무상을 관찰하면서 들이쉬리라.'며 공부짓고 '무상을 관찰하면서 내쉬리라.'며 공부짓는다. ⑭ '탐욕이 빛바램을 관찰하면서 들이쉬리라.'며 공부짓고 '탐욕이 빛바램을 관찰하면서 내쉬리라.'며 공부짓는다. ⑮ '소멸을 관찰하면서 들이쉬리라.'며 공부짓고 '소멸을 관찰하면서 내쉬리라.'며 공부짓는다. ⑯ '놓아버림을 관찰하면서 들이쉬리라.'며 공부짓고 '놓아버림을 관찰하면서 내쉬리라.'며 공부짓는다."

22. "비구들이여, 들숨날숨에 대한 마음챙김을 이렇게 닦고 이렇게 거듭거듭 행하면 큰 결실이 있고 큰 이익이 있다."

23. "비구들이여, 들숨날숨에 대한 마음챙김을 어떻게 닦고 어떻게 거듭거듭 행하면 네 가지 마음챙김의 확립[四念處]을 성취하는가?"

24. "비구들이여, 비구는 ① 길게 들이쉬면서 '길게 들이쉰다.'고 꿰뚫어 알고, 길게 내쉬면서는 '길게 내쉰다.'고 꿰뚫어 안다. ② 짧게 들이쉬면서는 '짧게 들이쉰다.'고 꿰뚫어 알고, 짧게 내쉬면서는 '짧게 내쉰다.'고 꿰뚫어 안다. ③ '온 몸을 경험하면서 들이쉬리라.'며 공부짓고 '온 몸을 경험하면서 내쉬리라.'며 공부짓는다. ④ '몸의 작용[身行]을 편안히 하면서 들이쉬리라.'며 공부짓고 '몸의 작용을 편안히 하면서 내쉬리라.'며 공부짓는다.

비구들이여, 이렇게 공부지을 때 그 비구는 몸에서 몸을 관찰하면서[身隨觀] 세상에 대한 욕심과 싫어하는 마음을 버리고 근면하고 분명히 알아차리고 마음챙기는 자 되어 머문다.

비구들이여, 이 들숨날숨이란 것은 몸들 가운데서 한 가지 [형태의] 몸이라고 나는 말한다. 비구들이여, 그러므로 여기서 비구는 그 때에 몸에서 몸을 관찰하면서 세상에 대한 욕심과 싫어하는 마음을 버리고 근면하고 분명히 알아차리고 마음챙기는 자 되어 머무는 것이다."

한 가지 [형태의] 몸이란 흙의 몸 등 네 가지 몸 가운데서 어떤 하나라고 나는 말한다. 즉 바람의 몸[風身]이라고 나는 말한다는 뜻이다. 혹은 눈의 감각장소, 귀의 감각장소 … 덩어리진 음식이라는 이 25가지 물질[12]의 부분들을 물질의 몸[色身]이라 한다. 그 중에서 들숨날숨은 감촉의 감각장소[觸入]에 포함되기 때문에 몸의 한 형태이다. 그 때문에도 이와 같이 설하셨다.

그러므로 여기서라는 것은 네 가지 몸 가운데서 어떤 하나인 바람의 몸이다. 혹은 25가지 물질의 부분들인 물질의 몸 가운데 어떤 하나인 들숨날숨을 관찰하기 때문에 몸에서 몸을 관찰한다라는 뜻이다. 이와 같이 모든 곳에서 그 뜻을 알아야 한다.

25. "비구들이여, 비구는 ⑤ '희열을 경험하면서 들이쉬

---

12) MA.ii.261 등에서 25가지 물질을 열거하고 있는데 이것은 아비담마의 28가지 물질의 분류가운데서 심장토대(*hadaya-vatthu*)를 제외한 27가지와 일치한다. 아비담마에서는 대상 가운데 감촉(*phoṭṭhabba*, 觸)을 지·화·풍으로 간주하기 때문이다. 28가지 물질 등은 『아비담마 길라잡이』 527쪽 이하를 참조할 것.

리라.'며 공부짓고 '희열을 경험하면서 내쉬리라.'며 공부짓는다. ⑥ '행복을 경험하면서 들이쉬리라.'며 공부짓고 '행복을 경험하면서 내쉬리라.'며 공부짓는다. ⑦ '마음의 작용[心行]을 경험하면서 들이쉬리라.'며 공부짓고 '마음의 작용을 경험하면서 내쉬리라.'며 공부짓는다. ⑧ '마음의 작용을 편안히 하면서 들이쉬리라.'며 공부짓고 '마음의 작용을 편안히 하면서 내쉬리라.'며 공부짓는다.

비구들이여, 이렇게 공부지을 때 그 비구는 느낌들에서 느낌을 관찰하면서[受隨觀] 세상에 대한 욕심과 싫어하는 마음을 버리고 근면하고 분명히 알아차리고 마음챙기는 자 되어 머문다.

비구들이여, 이 들숨날숨을 잘 마음에 잡도리하는 것은 느낌들 가운데서 한 가지 [형태의] 느낌이라고 나는 말한다. 비구들이여, 그러므로 여기서 비구는 그 때에 느낌들에서 느낌을 관찰하면서 세상에 대한 욕심과 싫어하는 마음을 버리고 근면하고 분명히 알아차리고 마음챙기는 자 되어 머무는 것이다."

느낌들 가운데서 한 가지 [형태]란 세 가지 느낌 가운데서 하나인 즐거운 느낌[樂受]을 두고 설한 것이다. **잘 마음에 잡도리하는 것**이란 희열 등을 경험함으로써 생긴 것이니, 아름답게 마음에 잡도리 함이다.

그렇다면 마음에 잡도리함[作意, *manasikāra*]이 즐거운 느낌[樂受]인가라고 한다면 그렇지는 않다. 이것은 다만 설명을 위주로 말씀하셨을 뿐이다. 마치 '무상에 대한 인식[無常想, *anicca-saññā*]의 수행에 몰두하고 전념한다.'는 곳에서는[13] 인식[想, *saññā*]이라는 이름으로써 통찰지[慧, 般若, *paññā*]를 설하신 것과 같다. 이와 같이 여기서도 마음에 잡도리함이라는 이름으로써 느낌[受]을 설하셨다고 알아야 한다.

이 네 개조의 첫 번째 구절에서 희열의 제목아래 느낌을 설했고, 두 번째 문구에서 행복(즐거움)이라 설한 것은 본성에 따라 설한 것이다. 마음의 작용[心行]의 두 문구에서 "인식과 느낌은 마음부수이다. 이 법들은 마음과 결합된 마음의 작용이다(Ps.i.188)"라는 말씀이 있기 때문에, 그리고 "일으킨 생각[尋]과 지속적인 고찰[伺]을 제외하고 마음과 연결된 모든 법들은 마음의 작용[心行]에 포함된다(*cf.* Yam.i.229)"라는 말씀이 있기 때문에 마음의 작용이라는 이름으로써 느낌을 설했다. 마음에 잡도리함이라는 이름으로써 그 모든 것을 포함하여 여기서 '잘 마음에 잡도리하는 것'이라고 하셨다.

비록 그렇다 하더라도 이 느낌은 대상이 없기 때문에 느낌을 관찰할 수가 없다라고 만약 말한다면 그렇지가 않다. 왜냐하면 마

---

13) 여기에 대해서는 본서 제2장의 「긴 라훌라 교계경」 §25를 참조할 것.

음챙김의 확립[念處]의 주석서에서도 "즐거움 등 각각의 토대를 대상으로 삼고서 오직 느낌이 느끼지만 그 느낌의 일어남을 두고 '나는 느낀다.'라고 하는 일상적인 어법이 있다"라고 설하셨기 때문이다. 나아가 희열의 경험 등을 설명할 때에도 이것은 이미 설명했다. 『청정도론』에서도 다음과 같이 설했다.

희열의 경험은 두 가지 형태가 있다. 즉 ① 대상으로써 ② 잊어버리지 않음으로써 경험한다. 어떻게 대상으로써 희열을 경험하는가? 그가 희열이 있는 두 가지의 禪(즉 초선과 제2선)에 들 때 그 증득의 순간에 禪을 얻음에 의해 대상으로써 희열을 경험한다. 대상을 경험하기 때문이다. 어떻게 잊어버리지 않음으로써 희열을 경험하는가? 희열이 있는 두 가지의 禪에 들었다가 출정하여 禪과 함께 한 희열을 파괴되기 마련이고, 사그라지기 마련이라고 명상한다. 그가 위빳사나를 하는 순간에 특상을 경험하기 때문에 잊어버리지 않음으로써 희열을 경험한다. 『무애해도』에서도 이와 같이 설하셨다 —"긴 들숨을 통해 마음의 하나 됨과 흩어지지 않음을 알 때 마음챙김이 확립된다. 그 마음챙김과 그 지혜로 인해 희열을 경험한다.(Ps.i.177, 등)" 이와 같은 방법으로 나머지 구문들의 뜻도 알아야 한다.

이처럼 禪을 얻음에 의해 대상으로써 희열과 즐거움과 마음의 작용[心行]을 경험하듯이, 이 禪과 함께 한 느낌이라 불리는 마음에 잡도리함을 얻음에 의해 대상으로써 느낌을 경험한다. 그러므로 "그 때 비구는 느낌들에서 느낌을 관찰하면서 머문다."라고 한 것은 참으로 잘 말씀하신 것이다.

26. "비구들이여, 비구는 ⑨ '마음을 경험하면서 들이쉬리라.'며 공부짓고 '마음을 경험하면서 내쉬리라.'며 공부짓는다. ⑩ '마음을 기쁘게 하면서 들이쉬리라.'며 공부짓고 '마음을 기쁘게 하면서 내쉬리라.'며 공부짓는다. ⑪ '마음을 집중하면서 들이쉬리라.'며 공부짓고 '마음을 집중하면서 내쉬리라.'며 공부짓는다. ⑫ '마음을 해탈케 하면서 들이쉬리라.'며 공부짓고 '마음을 해탈케 하면서 내쉬리라.'며 공부짓는다.

비구들이여, 이렇게 공부 지을 때 그 비구는 마음에서 마음을 관찰하면서[心隨觀] 세상에 대한 욕심과 싫어하는 마음을 버리고 근면하고 분명히 알아차리고 마음챙기는 자 되어 머문다.

비구들이여, 마음챙김을 놓아버리고 분명히 알아차리지 못하는 자가 들숨날숨에 대한 마음챙김을 닦는다고 나는 말하지 않는다. 비구들이여, 그러므로 여기서 비구는 그 때에 마음에서 마음을 관찰하면서 세상에 대한 욕심과 싫어하는 마음을 버리고 근면하고 분명히 알아차리고 마음챙기는 자 되어 머무는 것이다."

비구들이여, 나는 마음챙김을 잊어버리고 분명하게 알아차리

지 못하는 자라는 문구에서 그 취지는 다음과 같다. 마음을 경험하면서 들이쉬리라라는 방법으로 공부짓는 비구는 들숨날숨의 어떤 표상을 대상으로 삼는다. 그러나 그의 마음은 대상에 대해 마음챙김과 분명한 알아차림을 확립하면서 공부짓기 때문에 그를 오직 마음에서 마음을 관찰하는 자라고 이름한다. 마음챙김을 잊어버리고 분명하게 알아차리지 않는 자에게 들숨날숨의 수행은 없다. 그러므로 대상으로써 마음을 경험함 등에 의해 그 때 비구는 마음에서 마음을 관찰하면서 머문다라고 했다.

27. "비구들이여, 비구는 ⑬ '무상을 관찰하면서 들이쉬리라.'며 공부짓고 '무상을 관찰하면서 내쉬리라.'며 공부짓는다. ⑭ '탐욕이 빛바램을 관찰하면서 들이쉬리라.'며 공부짓고 '탐욕이 빛바램을 관찰하면서 내쉬리라.'며 공부짓는다. ⑮ '소멸을 관찰하면서 들이쉬리라.'며 공부짓고 '소멸을 관찰하면서 내쉬리라.'며 공부짓는다. ⑯ '놓아버림을 관찰하면서 들이쉬리라.'며 공부짓고 '놓아버림을 관찰하면서 내쉬리라.'며 공부짓는다.

비구들이여, 이렇게 공부 지을 때 그 비구는 법들에서 법을 관찰하면서[法隨觀] 세상에 대한 욕심과 싫어하는 마음을 버리고 근면하고 분명히 알아차리고 마음챙기는 자 되어 머문다. 그는 욕심과 싫어하는 마음을 버린 것을 통찰지로써 보고 안으로 평온하게 된다.

비구들이여, 그러므로 여기서 비구는 그 때에 법들에서 법을 관찰하면서 세상에 대한 욕심과 싫어하는 마음을 버리고 근면하고 분명히 알아차리고 마음챙기는 자 되어 머무는 것이다."

그는 욕심과 싫어하는 마음을 버린 것을 통찰지로써 보고 안으로 마음이 평온하게 된다라고 설한 문구에서 욕심이라는 단어로서 감각적 욕망의 장애를 설했고, 싫어하는 마음이라는 단어로서 악의의 장애를 설하셨다. 이 네 개조는 위빳사나로써 설하셨다. 법을 관찰하는 것은 장애 등의 단락으로써 여섯 가지이다.14) 그 중에서 장애의 단락이 처음이고, 그 중에서도 이 두 종류의 장애가 처음이다. 이와 같이 법을 관찰하는 것의 처음을 보이기 위해 욕심과 싫어하는 마음이라고 설하셨다.

버림이란 무상의 수관으로써 항상하다는 인식[常想]을 버리기 때문에 버림이라는 형태의 지혜를 뜻한다. 그것을 **통찰지로써 보고**란 무상, 탐욕의 빛바램, 소멸, 놓아버림의 지혜라 불리는 그 버림의 지혜를 그 다음의 위빳사나의 통찰지로써, 그것도 그 다음

---

14) 「대념처경」(D22)의 법에 마음챙기는 공부[法念處]에는 ① 다섯 가지 장애[五蓋] ② 다섯 가지 무더기[五蘊] ③ 여섯 가지 안팎의 감각장소[六內外入] ④ 일곱 가지 깨달음의 구성요소[七覺支] ⑤ 네 가지 진리[四諦]의 다섯으로 분류되어 나타난다. 이 가운데 여섯 가지 안팎의 감각장소를 안의 감각장소[六內入]와 밖의 감각장소[六外入]로 나누어서 붓다고사는 이처럼 여섯으로 언급하는 듯하다.

의 것으로써, 이와 같이 그 다음 단계의 위빳사나를 보이셨다. **평온하게 된다**란 ① 사마타에 든 자가 평온하게 되는 것과 ② 하나로 확립된 자가 평온하게 되는 것으로 두 종류의 평온함이 있다. 함께 생긴 법들에 대해서도 평온함이 있고, 대상에 대해서도 평온함이 있는데 여기서는 대상에 대한 평온함을 뜻한다. **비구들이여, 그러므로 여기서**란 무상을 관찰하면서 들이쉬리라는 방법으로 공부지을 때 그는 단지 장애의 법들만을 보는 것이 아니라 욕심과 싫어하는 마음을 필두로 설한 법들에 대한 그 버림의 지혜도 역시 통찰지로써 보고 평온해지기 때문에 "그 때 비구는 법들에서 법을 관찰하면서 머문다."라고 알아야 한다.

28. "비구들이여, 들숨날숨에 대한 마음챙김을 이렇게 닦고 이렇게 거듭거듭 행하면 네 가지 마음챙김의 확립[四念處]을 성취한다."

29. "비구들이여, 네 가지 마음챙김의 확립을 어떻게 닦고 어떻게 거듭거듭 행하면 일곱 가지 깨달음의 구성요소[七覺支]들을 성취하는가?"

30. "비구들이여, 비구가 몸에서 몸을 관찰하면서[身隨觀] 세상에 대한 욕심과 싫어하는 마음을 버리고 근면하고 분명히 알아차리고 마음챙기는 자 되어 머물 때, 그에게 잊어버림이 없는 마음챙김이 확립된다. 비구들이여, 비구에게 잊어

버림이 없는 마음챙김이 확립될 때, 그 때 그 비구에게 마음 챙김의 깨달음의 구성요소[念覺支]가 생긴다. 그 때 마음챙김의 깨달음의 구성요소를 닦고, 그 때 마음챙김의 깨달음의 구성요소를 닦아서 성취한다."

31. "그가 그렇게 마음챙기면서 머물 때 그는 통찰지로써 그 법을 조사하고 점검하고 탐구한다. 비구들이여, 비구가 그렇게 마음챙겨 머물면서 통찰지로써 그 법을 조사하고 점검하고 탐구할 때, 그 때 그에게 법을 간택하는 깨달음의 구성요소[擇法覺支]가 생긴다. 그 때 법을 간택하는 깨달음의 구성요소를 닦고, 그 때 법을 간택하는 깨달음의 구성요소를 닦아서 성취한다."

32. "그가 통찰지로써 그 법을 조사하고 점검하고 탐구할 때 지칠 줄 모르는 정진이 생긴다. 비구들이여, 비구가 통찰지로써 그 법을 조사하고 점검하고 탐구하면서 지칠 줄 모르는 정진이 생길 때, 그 때 그에게 정진의 깨달음의 구성요소[精進覺支]가 생긴다. 그 때 정진의 깨달음의 구성요소를 닦고, 그 때 정진의 깨달음의 구성요소를 닦아서 성취한다."

33. "정진이 생긴 자에게 출세간적인 희열이 생긴다. 비

구들이여, 정진이 이미 생긴 비구에게 출세간적인 희열이 생길 때, 그 때 그에게 희열의 깨달음의 구성요소[喜覺支]가 생긴다. 그 때 희열의 깨달음의 구성요소를 닦고, 그 때 희열의 깨달음의 구성요소를 닦아서 성취한다."

34. "희열을 느끼는 자는 그의 몸도 편안하고 마음도 편안하다. 비구가 희열을 느껴 몸도 편안하고 마음도 편안할 때, 그 때 그에게 경안의 깨달음의 구성요소[輕安覺支]가 생긴다. 그 때 경안의 깨달음의 구성요소를 닦고, 그 때 경안의 깨달음의 구성요소를 닦아서 성취한다."

35. "몸이 편안하고 행복한 자는 그의 마음이 삼매에 든다. 비구가 몸이 편안하고 행복하여 마음이 삼매에 들 때, 그 때 그에게 삼매의 깨달음의 구성요소[定覺支]가 생긴다. 그 때 삼매의 깨달음의 구성요소를 닦고, 그 때 삼매의 깨달음의 구성요소를 닦아서 성취한다."

36. "마음이 그렇게 삼매에 들어 그는 안으로 평온하게 된다. 비구들이여, 비구의 마음이 그렇게 삼매에 들어 안으로 평온하게 될 때, 그 때 그에게 평온의 깨달음의 구성요소[捨覺支]가 생긴다. 그 때 평온의 깨달음의 구성요소를 닦고,

그 때 평온의 깨달음의 구성요소를 닦아서 성취한다."

조사하다는 것은 무상 등으로 조사하다는 뜻이다. 나머지 두 단어는 이것과 동의어이다. 출세간적이라는 것은 오염원이 없다는 뜻이다. **편안하다**는 것은 육체적이고 정신적인 불안이 편안히 가라앉았기 때문에 몸도 마음도 편안하다. **삼매에 든다**는 것은 마치 본삼매에 드는 것처럼 바르게 놓인다는 뜻이다. **안으로 평온하게 된다**는 것은 함께 생긴 평온으로 인해 안으로 평온하게 된다는 뜻이다.

이와 같이 비구가 열네 가지 방법으로 몸을 파악할 때 그의 몸에 마음챙김인 마음챙김의 깨달음의 구성요소가 있고, 마음챙김과 함께 한 지혜인 법을 간택하는 깨달음의 구성요소가 있고, 반드시 그것과 함께 한 육체적이고 정신적인 정진인 정진의 깨달음의 구성요소가 있고, 희열이 있고, 경안이 있고, 일념인 삼매의 깨달음의 구성요소가 있고, 이 여섯 가지 깨달음의 구성요소들이 모자라지도 않고 넘치지도 않음이라 불리는 중립인 평온의 깨달음의 구성요소가 있다. 마치 말들이 고르게 나아갈 때 마부가 '이 놈이 느리다.'라면서 채찍질을 하거나 혹은 '이 놈이 빠르다.'라면서 고삐를 잡아당겨 제어하지 않고 단지 그렇게 볼 때 확고함이 있는 것과 같다. 그와 마찬가지로 이 여섯 가지 깨달음의 구성요소들이 모자라지도 넘치지도 않음이라 불리는 중립을 평온의 깨달음의 구성요소라 한다. 지금까지 무엇을 설했는가? 여러 가지 역할과 본성을 가졌고 하나의 마음 순간에 위빳사나와 함께 생긴 깨달음의 구성요소를 설했다

37. "비구들이여, 비구가 느낌들에서 느낌을 관찰하면서[受隨觀] 세상에 대한 욕심과 싫어하는 마음을 버리고 근면하고 분명히 알아차리고 마음챙기는 자 되어 머물 때, 그에게 잊어버림이 없는 마음챙김이 확립된다. 비구들이여, 비구에게 잊어버림이 없는 마음챙김이 확립될 때, 그 때 그 비구에게 마음챙김의 깨달음의 구성요소가 생긴다. 그 때 마음챙김의 깨달음의 구성요소를 닦고, 그 때 마음챙김의 깨달음의 구성요소를 닦아서 성취한다.

그가 그렇게 마음챙기면서 머물 때 그는 통찰지로써 그 법을 조사하고 점검하고 탐구한다. 비구들이여, 비구가 그렇게 마음챙겨 머물면서 통찰지로써 그 법을 조사하고 점검하고 탐구할 때, 그 때 그에게 법을 간택하는 깨달음의 구성요소가 생긴다. 그 때 법을 간택하는 깨달음의 구성요소를 닦고, 그 때 법을 간택하는 깨달음의 구성요소를 닦아서 성취한다.

그가 통찰지로써 그 법을 조사하고 점검하고 탐구할 때 지칠 줄 모르는 정진이 생긴다. 비구들이여, 비구가 통찰지로써 그 법을 조사하고 점검하고 탐구하면서 지칠 줄 모르는 정진이 생길 때, 그 때 그에게 정진의 깨달음의 구성요소가 생긴다. 그 때 정진의 깨달음의 구성요소를 닦고, 그 때 정진의 깨달음의 구성요소를 닦아서 성취한다.

정진이 생긴 자에게 출세간적인 희열이 생긴다. 비구들이여, 정진이 이미 생긴 비구에게 출세간적인 희열이 생길 때, 그 때 그에게 희열의 깨달음의 구성요소가 생긴다. 그 때 희열의 깨달음의 구성요소를 닦고, 그 때 희열의 깨달음의 구성요소를 닦아서 성취한다.

희열을 느끼는 자는 그의 몸도 편안하고 마음도 편안하다. 비구가 희열을 느껴 몸도 편안하고 마음도 편안할 때, 그 때 그에게 경안의 깨달음의 구성요소가 생긴다. 그 때 경안의 깨달음의 구성요소를 닦고, 그 때 경안의 깨달음의 구성요소를 닦아서 성취한다.

몸이 편안하고 행복한 자는 그의 마음이 삼매에 든다. 비구가 몸이 편안하고 행복하여 마음이 삼매에 들 때, 그 때 그에게 삼매의 깨달음의 구성요소가 생긴다. 그 때 삼매의 깨달음의 구성요소를 닦고, 그 때 삼매의 깨달음의 구성요소를 닦아서 성취한다.

마음이 그렇게 삼매에 들어 그는 안으로 평온하게 된다. 비구들이여, 비구의 마음이 그렇게 삼매에 들어 안으로 평온하게 될 때, 그 때 그에게 평온의 깨달음의 구성요소가 생긴다. 그 때 평온의 깨달음의 구성요소를 닦고, 그 때 평온의 깨달음의 구성요소를 닦아서 성취한다."

38. "비구들이여, 비구가 마음에서 마음을 관찰하면서 [心隨觀] 세상에 대한 욕심과 싫어하는 마음을 버리고 근면하고 분명히 알아차리고 마음챙기는 자 되어 머물 때, 그에게 잊어버림이 없는 마음챙김이 확립된다. 비구들이여, 비구에게 잊어버림이 없는 마음챙김이 확립될 때, 그 때 그 비구에게 마음챙김의 깨달음의 구성요소가 생긴다. 그 때 마음챙김의 깨달음의 구성요소를 닦고, 그 때 마음챙김의 깨달음의 구성요소를 닦아서 성취한다.

그가 그렇게 마음챙기면서 머물 때 그는 통찰지로써 그 법을 조사하고 점검하고 탐구한다. 비구들이여, 비구가 그렇게 마음챙겨 머물면서 통찰지로써 그 법을 조사하고 점검하고 탐구할 때, 그 때 그에게 법을 간택하는 깨달음의 구성요소가 생긴다. 그 때 법을 간택하는 깨달음의 구성요소를 닦고, 그 때 법을 간택하는 깨달음의 구성요소를 닦아서 성취한다.

그가 통찰지로써 그 법을 조사하고 점검하고 탐구할 때 지칠 줄 모르는 정진이 생긴다. 비구들이여, 비구가 통찰지로써 그 법을 조사하고 점검하고 탐구하면서 지칠 줄 모르는 정진이 생길 때, 그 때 그에게 정진의 깨달음의 구성요소가 생긴다. 그 때 정진의 깨달음의 구성요소를 닦고, 그 때 정진의 깨달음의 구성요소를 닦아서 성취한다.

정진이 생긴 자에게 출세간적인 희열이 생긴다. 비구들이여, 정진이 이미 생긴 비구에게 출세간적인 희열이 생길 때, 그 때 그에게 희열의 깨달음의 구성요소가 생긴다. 그 때 희열의 깨달음의 구성요소를 닦고, 그 때 희열의 깨달음의 구성요소를 닦아서 성취한다.

희열을 느끼는 자는 그의 몸도 편안하고 마음도 편안하다. 비구가 희열을 느껴 몸도 편안하고 마음도 편안할 때, 그 때 그에게 경안의 깨달음의 구성요소가 생긴다. 그 때 경안의 깨달음의 구성요소를 닦고, 그 때 경안의 깨달음의 구성요소를 닦아서 성취한다.

몸이 편안하고 행복한 자는 그의 마음이 삼매에 든다. 비구가 몸이 편안하고 행복하여 마음이 삼매에 들 때, 그 때 그에게 삼매의 깨달음의 구성요소가 생긴다. 그 때 삼매의 깨달음의 구성요소를 닦고, 그 때 삼매의 깨달음의 구성요소를 닦아서 성취한다.

마음이 그렇게 삼매에 들어 그는 안으로 평온하게 된다. 비구들이여, 비구의 마음이 그렇게 삼매에 들어 안으로 평온하게 될 때, 그 때 그에게 평온의 깨달음의 구성요소가 생긴다. 그 때 평온의 깨달음의 구성요소를 닦고, 그 때 평온의 깨달음의 구성요소를 닦아서 성취한다."

39.
"비구들이여, 비구가 법들에서 법을 관찰하면서[法隨觀] 세상에 대한 욕심과 싫어하는 마음을 버리고 근면하고 분명히 알아차리고 마음챙기는 자 되어 머물 때, 그에게 잊어버림이 없는 마음챙김이 확립된다. 비구들이여, 비구에게 잊어버림이 없는 마음챙김이 확립될 때, 그 때 그 비구에게 마음챙김의 깨달음의 구성요소가 생긴다. 그 때 마음챙김의 깨달음의 구성요소를 닦고, 그 때 마음챙김의 깨달음의 구성요소를 닦아서 성취한다.

그가 그렇게 마음챙기면서 머물 때 그는 통찰지로써 그 법을 조사하고 점검하고 탐구한다. 비구들이여, 비구가 그렇게 마음챙겨 머물면서 통찰지로써 그 법을 조사하고 점검하고 탐구할 때, 그 때 그에게 법을 간택하는 깨달음의 구성요소가 생긴다. 그 때 법을 간택하는 깨달음의 구성요소를 닦고, 그 때 법을 간택하는 깨달음의 구성요소를 닦아서 성취한다.

그가 통찰지로써 그 법을 조사하고 점검하고 탐구할 때 지칠 줄 모르는 정진이 생긴다. 비구들이여, 비구가 통찰지로써 그 법을 조사하고 점검하고 탐구하면서 지칠 줄 모르는 정진이 생길 때, 그 때 그에게 정진의 깨달음의 구성요소가 생긴다. 그 때 정진의 깨달음의 구성요소를 닦고, 그 때 정진의 깨달음의 구성요소를 닦아서 성취한다.

정진이 생긴 자에게 출세간적인 희열이 생긴다. 비구들이여, 정진이 이미 생긴 비구에게 출세간적인 희열이 생길 때, 그 때 그에게 희열의 깨달음의 구성요소가 생긴다. 그 때 희열의 깨달음의 구성요소를 닦고, 그 때 희열의 깨달음의 구성요소를 닦아서 성취한다.

희열을 느끼는 자는 그의 몸도 편안하고 마음도 편안하다. 비구가 희열을 느껴 몸도 편안하고 마음도 편안할 때, 그 때 그에게 경안의 깨달음의 구성요소가 생긴다. 그 때 경안의 깨달음의 구성요소를 닦고, 그 때 경안의 깨달음의 구성요소를 닦아서 성취한다.

몸이 편안하고 행복한 자는 그의 마음이 삼매에 든다. 비구가 몸이 편안하고 행복하여 마음이 삼매에 들 때, 그 때 그에게 삼매의 깨달음의 구성요소가 생긴다. 그 때 삼매의 깨달음의 구성요소를 닦고, 그 때 삼매의 깨달음의 구성요소를 닦아서 성취한다.

마음이 그렇게 삼매에 들어 그는 안으로 평온하게 된다. 비구들이여, 비구의 마음이 그렇게 삼매에 들어 안으로 평온하게 될 때, 그 때 그에게 평온의 깨달음의 구성요소가 생긴다. 그 때 평온의 깨달음의 구성요소를 닦고, 그 때 평온의 깨달음의 구성요소를 닦아서 성취한다."

40. "비구들이여, 네 가지 마음챙김의 확립[四念處]을 이렇게 닦고 이렇게 거듭거듭 행하면 일곱 가지 깨달음의 구성요소[七覺支]들을 성취한다."

41. "비구들이여, 일곱 가지 깨달음의 구성요소들을 어떻게 닦고 어떻게 거듭거듭 행하면 영지(靈知)와 해탈을 성취하는가?"

42. "비구들이여, 여기 비구는 한적함에 의지하고 탐욕이 빛바램에 의지하고 소멸에 의지하고 놓아버림에 이르는 마음챙김의 깨달음의 구성요소를 닦는다. … 법을 간택하는 깨달음의 구성요소를 … 정진의 깨달음의 구성요소를 … 희열의 깨달음의 구성요소를 … 경안의 깨달음의 구성요소를 … 삼매의 깨달음의 구성요소를 … 평온의 깨달음의 구성요소를 닦는다.

43. "비구들이여, 일곱 가지 깨달음의 구성요소[七覺支]들을 이렇게 닦고 이렇게 거듭거듭 행하면 영지와 해탈을

49

성취한다."

세존께서는 이와 같이 설하셨다. 비구들은 흡족한 마음으로 세존의 말씀을 크게 기뻐하였다.

한적함에 의지하고 등은 이미 그 뜻을 설했다. 그러나 여기서는 들숨날숨을 파악하는 마음챙김은 세간적인 것이다. 세간적인 들숨날숨이 세간적인 마음챙김의 확립을 성취하고, 세간적인 마음챙김의 확립이 출세간적인 깨달음의 구성요소를 성취하고, 출세간적인 깨달음의 구성요소가 영지와 해탈의 결과인 열반을 성취한다. 이처럼 세간적인 법일 경우에는 세간적인 것이라고 설했고 출세간적인 법일 경우에는 출세간적인 것이라고 설했다. 그러나 마하담마킷따 장로는 그렇지 않다고 설하셨다. 이 경전에서는 출세간은 높은 경지의 법으로서 설한 것이다. 세간적인 들숨날숨이 세간적인 마음챙김의 확립을 성취하고, 세간적인 마음챙김의 확립이 세간적인 깨달음의 구성요소를 확립하고, 세간적인 깨달음의 구성요소가 출세간적인 영지와 해탈의 결과인 열반을 성취한다. 여기서 영지와 해탈이라는 두 단어는 영지와 해탈의 결과인 열반을 의미하기 때문이다.

들숨날숨에 마음챙기는 경이 끝났다.

긴 라훌라 교계경
大教誡羅睺羅經
Mahārahulovāda Sutta(M62)

1. 이와 같이 나는 들었다. 한 때 세존께서는 사왓티 제따 숲의 급고독원에 머무셨다.

2. 그때 세존께서는 아침에 옷매무새를 가다듬고 바루와 가사를 수하시고 사왓티로 탁발을 가셨다. 라훌라 존자도 아침에 옷매무새를 가다듬고 바루와 가사를 수하고 세존을 바로 뒤따랐다.

3. 그러자 세존께서는 뒤를 돌아보시면서 라훌라 존자를 불러 말씀하셨다.
"라훌라야, 물질[色]이 그 어떠한 것이건, 그것이 과거 미래 현재의 것이건, 안의 것이건 밖의 것이건, 거친 것이건

미세한 것이건, 저열한 것이건 고상한 것이건, 멀리 있건 가까이 있건 그 모든 물질에 대해 '이것은 나의 것이 아니다. 이것은 내가 아니다. 이것은 나의 자아가 아니다.'라고 이렇게 이것을 있는 그대로 바르게 통찰지로써 보아야 한다."

"세존이시여, 오직 물질만 그러합니까? 선서시여, 오직 물질만 그러합니까?"

"라훌라야, 물질[色]도 그러하고 느낌[受]도 그러하고 인식[想]도 그러하고 상카라[行]들도 그러하고 알음알이[識]도 그러하다."

4. 그러자 라훌라 존자는 [이렇게 생각했다.]
"누가 세존으로부터 직접 경책을 받고 마을로 탁발을 간단 말인가?" 그래서 그는 되돌아와서 가부좌를 틀고 상체를 곧추 세우고 전면에 마음챙김을 확립하고 어떤 나무 아래에 앉았다.

5. 사리뿟따 존자는 라훌라 존자가 가부좌를 틀고 상체를 곧추 세우고 전면에 마음챙김을 확립하고서 어떤 나무 아래에 앉아있는 것을 보았다. 그를 보고 라훌라 존자를 불러 말했다.
"라훌라여, 들숨과 날숨에 대한 마음챙김을 닦아라. 라훌라

여, 들숨과 날숨에 대한 마음챙김을 닦고 거듭거듭 행하면 실로 큰 결실과 큰 이익이 있다."

6. 그러자 라훌라 존자는 해거름에 [낮 동안의] 홀로 앉음을 풀고 자리에서 일어나 세존을 뵈러갔다. 세존을 뵙고 인사드리고 한 곁에 앉았다. 한 곁에 앉아서 라훌라 존자는 세존께 이렇게 여쭈었다.

7. "세존이시여, 어떻게 들숨과 날숨에 대한 마음챙김을 닦고 어떻게 거듭거듭 행하면 실로 큰 결실과 큰 이익이 있게 됩니까?"

8. "라훌라야, 안에 있고 개개인에 속하는 딱딱하고 견고하고 업에서 생긴 것은 무엇이건 이를 일러 내적인 땅의 요소라 한다. 예를 들면 머리털·몸털·손발톱·이·살갗·살·힘줄·뼈·골수·콩팥·염통·간·근막·지라·허파·큰창자·작은창자·위 속의 음식·똥이다. 라훌라야, 그리고 그 외에도 안에 있고 개개인에 속하는 딱딱하고 견고하고 업에서 생긴 것은 무엇이건 이를 일러 내적인 땅의 요소라 한다.

내적인 땅의 요소든 외적인 땅의 요소든 그것은 단지 땅의 요소일 뿐이다. 이에 대해 '이것은 나의 것이 아니다. 이것은 내가 아니다. 이것은 나의 자아가 아니다.'라고 있는 그대로 바르게 통찰지로써 보아야 한다. 이와 같이 이것을 있는 그대로 바르게 통찰지로써 보고 땅의 요소를 역겨워하고 [厭離] 마음이 땅의 요소에 대한 탐욕을 빛바래게 한다[離慾]."

9. "라훌라야, 그러면 무엇이 물의 요소[水界]인가? 물의 요소는 내적인 것도 있고 외적인 것도 있다. 라훌라야, 그러면 무엇이 내적인 물의 요소인가? 안에 있고 개개인에 속하는 물과 축축한 것과 업에서 생긴 것은 무엇이건 이를 일러 내적인 물의 요소라 한다. 예를 들면 쓸개즙·가래·고름·피·땀·굳기름·눈물·[피부의] 기름기·침· 콧물·관절활액·오줌이다. 라훌라야, 그리고 그 외에도 안에 있고 개개인에 속하는 물과 축축한 것과 업에서 생긴 것은 무엇이건 이를 일러 내적인 물의 요소라 한다.

내적인 물의 요소든 외적인 물의 요소든 그것은 단지 물의 요소일 뿐이다. 이에 대해 '이것은 나의 것이 아니다. 이것은 내가 아니다. 이것은 나의 자아가 아니다.'라고 있는 그대로 바르게 통찰지로써 보아야 한다. 이와 같이 이것을 있는 그대로 바르게 통찰지로써 보고 물의 요소를 역겨워하고 [厭離] 마음이 물의 요소에 대한 탐욕을 빛바래게 한다[離慾]."

10. "라훌라야, 그러면 무엇이 불의 요소[火界]인가? 불의 요소는 내적인 것도 있고 외적인 것도 있다. 라훌라야, 그러면 무엇이 내적인 불의 요소인가? 안에 있고 개개인에 속하는 불과 뜨거운 것과 업에서 생긴 것은 무엇이건 이를 일러 내적인 불의 요소라 한다. 예를 들면 그것 때문에 따뜻해지고 늙고 타버린다거나 그것 때문에 먹고 마시고 소비하고 맛본 것이 완전히 소화된다든지 하는 것이다. 그 외에도 안에 있고 개개인에 속하는 불과 뜨거운 것과 업에서 생긴 것은 무엇이건 이를 일러 내적인 불의 요소라 한다.

내적인 불의 요소든 외적인 불의 요소든 그것은 단지 불의 요소일 뿐이다. 이에 대해 '이것은 나의 것이 아니다. 이것은 내가 아니다. 이것은 나의 자아가 아니다.'라고 있는 그대로 바르게 통찰지로써 보아야 한다. 이와 같이 이것을 있는 그대로 바르게 통찰지로써 보고 불의 요소를 역겨워하고[厭離] 마음이 불의 요소에 대한 탐욕을 빛바래게 한다[離慾]."

11. "라훌라야, 그러면 무엇이 바람의 요소[風界]인가? 바람의 요소는 내적인 것도 있고 외적인 것도 있다. 라훌라야, 그러면 무엇이 내적인 바람의 요소인가? 안에 있고 개개인에 속하는 바람과 풍기와 업에서 생긴 것은 무엇이건 이

를 일러 내적인 바람의 요소라 한다. 예를 들면 올라가는 바람, 내려가는 바람, 복부에 있는 바람, 창자에 있는 바람, 온몸에 움직이는 바람, 들숨과 날숨이다. 라훌라야, 그 외에도 안에 있고 개개인에 속하는 바람과 풍기와 업에서 생긴 것을 일러 내적인 바람의 요소라 한다.

내적인 바람의 요소든 외적인 바람의 요소든 그것은 단지 바람의 요소일 뿐이다. 이에 대해 '이것은 나의 것이 아니다. 이것은 내가 아니다. 이것은 나의 자아가 아니다.'라고 있는 그대로 바르게 통찰지로써 보아야 한다. 이와 같이 이것을 있는 그대로 바르게 통찰지로써 보고 바람의 요소를 역겨워하고[厭離] 마음이 바람의 요소에 대한 탐욕을 빛바래게 한다[離慾]."

12. "라훌라야, 그러면 무엇이 허공의 요소[空界]인가? 허공의 요소는 내적인 것도 있고 외적인 것도 있다. 라훌라야, 그러면 무엇이 내적인 허공의 요소인가? 안에 있고 개개인에 속하는 허공과 공간적인 것과 업에서 생긴 것은 무엇이건 이를 일러 내적인 허공의 요소라 한다. 예를 들면 귓구멍과 콧구멍과 입의 문이라든지, 먹고 마시고 씹고 맛본 것이 넘어가는 [목구멍], 먹고 마시고 씹고 맛본 것이 머무는 곳, 먹고 마시고 씹고 맛본 것이 아래로부터 배설되는 곳이

다. 라훌라야, 그 외에도 안에 있고 개개인에 속하는 허공과 공간적인 것과 업에서 생긴 것을 일러 내적인 허공의 요소라 한다.

내적인 허공의 요소든 외적인 허공의 요소든 그것은 단지 허공의 요소일 뿐이다. 이에 대해 '이것은 나의 것이 아니다. 이것은 내가 아니다. 이것은 나의 자아가 아니다.'라고 있는 그대로 바르게 통찰지로써 보아야 한다. 이와 같이 이것을 있는 그대로 바르게 통찰지로써 보고 허공의 요소를 역겨워하고[厭離] 마음이 허공의 요소에 대한 탐욕을 빛바래게 한다[離慾]."

13. "라훌라야, 땅을 닮는 수행을 닦아라. 라훌라야, 땅을 닮는 수행을 닦으면 마음에 드는 감각접촉[觸]과 마음에 들지 않는 감각접촉이 일어나더라도 그런 것이 마음을 사로잡아 남아있지 않을 것이다. 라훌라야, 마치 땅에 깨끗한 것을 던지기도 하고 더러운 것을 던지기도 하고 똥을 누기도 하고 오줌을 누기도 하고 침을 뱉기도 하고 고름을 짜서 버리기도 하고 피를 흘리기도 하지만 땅은 그 때문에 놀라지도 않고 모욕을 당하지도 않고 넌더리치지도 않는다. 라훌라야, 그와 같이 땅을 닮는 수행을 닦아야 한다. 라훌라야, 땅을 닮는 수행을 닦으면 마음에 드는 감각접촉과 마음에 들

지 않는 감각접촉이 일어나더라도 그런 것이 마음을 사로잡아 남아있지 않을 것이다."

14. "라훌라야, 물을 닮는 수행을 닦아라. 라훌라야, 물을 닮는 수행을 닦으면 마음에 드는 감각접촉[觸]과 마음에 들지 않는 감각접촉이 일어나더라도 그런 것이 마음을 사로잡아 남아있지 않을 것이다. 라훌라야, 마치 물에 깨끗한 것을 씻기도 하고 더러운 것을 씻기도 하고 똥을 씻기도 하고 오줌을 씻기도 하고 침을 씻기도 하고 고름을 씻기도 하고 피를 씻기도 하지만 물은 그 때문에 놀라지도 않고 모욕을 당하지도 않고 넌더리치지도 않는다. 라훌라야, 그와 같이 물을 닮는 수행을 닦아야 한다. 라훌라야, 물을 닮는 수행을 닦으면 마음에 드는 감각접촉과 마음에 들지 않는 감각접촉이 일어나더라도 그런 것이 마음을 사로잡아 남아있지 않을 것이다."

15. "라훌라야, 불을 닮는 수행을 닦아라. 라훌라야, 불을 닮는 수행을 닦으면 마음에 드는 감각접촉과 마음에 들지 않는 감각접촉이 일어나더라도 그런 것이 마음을 사로잡아 남아있지 않을 것이다. 라훌라야, 마치 불이 깨끗한 것을 태우기도 하고 더러운 것을 태우기도 하고 똥을 태우기도

하고 오줌을 태우기도 하고 침을 태우기도 하고 고름을 태우기도 하고 피를 태우기도 하지만 불은 그 때문에 놀라지도 않고 모욕을 당하지도 않고 넌더리치지도 않는다. 라훌라야, 그와 같이 불을 닮는 수행을 닦아야 한다. 라훌라야, 불을 닮는 수행을 닦으면 마음에 드는 감각접촉과 마음에 들지 않는 감각접촉이 일어나더라도 그런 것이 마음을 사로잡아 남아있지 않을 것이다."

16. "라훌라야, 바람을 닮는 수행을 닦아라. 라훌라야, 바람을 닮는 수행을 닦으면 마음에 드는 감각접촉과 마음에 들지 않는 감각접촉이 일어나더라도 그런 것이 마음을 사로잡아 남아있지 않을 것이다. 라훌라야, 마치 바람이 깨끗한 것을 불어 날리기도 하고 더러운 것을 불어 날리기도 하고 똥을 불어 날리기도 하고 오줌을 불어 날리기도 하고 침을 불어 날리기도 하고 고름을 불어 날리기도 하고 피를 불어 날리기도 하지만 바람은 그 때문에 놀라지도 않고 모욕을 당하지도 않고 넌더리치지도 않는다. 라훌라야, 그와 같이 바람을 닮는 수행을 닦아야 한다. 라훌라야, 바람을 닮는 수행을 닦으면 마음에 드는 감각접촉과 마음에 들지 않는 감각접촉이 일어나더라도 그런 것이 마음을 사로잡아 남아있지 않을 것이다."

17. "라훌라야, 허공을 닮는 수행을 닦아라. 라훌라야, 허공을 닮는 수행을 닦으면 마음에 드는 감각접촉과 마음에 들지 않는 감각접촉이 일어나더라도 그런 것이 마음을 사로잡아 남아있지 않을 것이다. 라훌라야, 마치 허공이 어느 곳에도 머물지 않는 것처럼 그와 같이 허공을 닮는 수행을 닦아야 한다. 라훌라야, 허공을 닮는 수행을 닦으면 마음에 드는 감각접촉과 마음에 들지 않는 감각접촉이 일어나더라도 그런 것이 마음을 사로잡아 남아있지 않을 것이다."

18. "라훌라야, 자애의 수행을 닦아라. 라훌라야, 네가 자애의 수행을 닦으면 어떤 악의든 다 제거될 것이다."

19. "라훌라야, 연민의 수행을 닦아라. 라훌라야, 네가 연민의 수행을 닦으면 어떤 잔인함이든 다 제거될 것이다."

20. "라훌라야, 더불어 기뻐함의 수행을 닦아라. 라훌라야, 네가 더불어 기뻐함의 수행을 닦으면 어떤 싫어함이든 다 제거될 것이다."

21. "라훌라야, 평온의 수행을 닦아라. 라훌라야, 네가 평온의 수행을 닦으면 어떤 적의든 다 제거될 것이다."

22. "라훌라야, 부정(不淨)함에 대한 수행을 닦아라. 라훌라야, 네가 부정함에 대한 수행을 닦으면 어떤 탐욕이든 다 제거될 것이다."

23. "라훌라야, 무상에 대한 인식[無常想]의 수행을 닦아라. 라훌라야, 네가 무상에 대한 인식의 수행을 닦으면 '나'라는 자만은 그 어떤 것이든 모두 제거될 것이다."

24. "라훌라야, 들숨과 날숨에 대한 마음챙김을 닦아라. 라훌라야, 들숨과 날숨에 대한 마음챙김을 닦고 거듭거듭 행하면 실로 큰 결실과 큰 이익이 있다. 라훌라야, 그러면 어떻게 들숨과 날숨에 대한 마음챙김을 닦고 어떻게 거듭거듭 행하면 실로 큰 결실과 큰 이익이 있게 되는가?"

25. "라훌라야, 여기에 비구가 숲 속에 가거나 나무 아래에 가거나 빈 방에 가거나 하여 가부좌를 틀고 상체를 곧추 세우고 전면에 마음챙김을 확립하여 앉는다. 그는 마음챙기면서 숨을 들이쉬고 마음챙기면서 숨을 내쉰다."

26. "① 길게 들이쉬면서는 '길게 들이쉰다.'고 꿰뚫어 알고(*pajānāti*), 길게 내쉬면서는 '길게 내쉰다.'고 꿰뚫어 안다.

② 짧게 들이쉬면서는 '짧게 들이쉰다.'고 꿰뚫어 알고, 짧게 내쉬면서는 '짧게 내쉰다.'고 꿰뚫어 안다. ③ '온 몸을 경험하면서 들이쉬리라.'며 공부짓고(sikkhati) '온 몸을 경험하면서 내쉬리라.'며 공부짓는다. ④ '몸의 작용[身行]을 편안히 하면서 들이쉬리라.'며 공부짓고 '몸의 작용을 편안히 하면서 내쉬리라.'며 공부짓는다."

27. "⑤ '희열을 경험하면서 들이쉬리라.'며 공부짓고 '희열을 경험하면서 내쉬리라.'며 공부짓는다. ⑥ '행복을 경험하면서 들이쉬리라.'며 공부짓고 '행복을 경험하면서 내쉬리라.'며 공부짓는다. ⑦ '마음의 작용[心行]을 경험하면서 들이쉬리라.'며 공부짓고 '마음의 작용을 경험하면서 내쉬리라.'며 공부짓는다. ⑧ '마음의 작용을 편안히 하면서 들이쉬리라.'며 공부짓고 '마음의 작용을 편안히 하면서 내쉬리라.'며 공부짓는다."

28. "⑨ '마음을 경험하면서 들이쉬리라.'며 공부짓고 '마음을 경험하면서 내쉬리라.'며 공부짓는다. ⑩ '마음을 기쁘게 하면서 들이쉬리라.'며 공부짓고 '마음을 기쁘게 하면서 내쉬리라.'며 공부짓는다. ⑪ '마음을 집중하면서 들이쉬리라.'며 공부짓고 '마음을 집중하면서 내쉬리라.'며 공부짓

는다. ⑫ '마음을 해탈케 하면서 들이쉬리라.'며 공부짓고 '마음을 해탈케 하면서 내쉬리라.'며 공부짓는다."

29. "⑬ '무상을 관찰하면서 들이쉬리라.'며 공부짓고 '무상을 관찰하면서 내쉬리라.'며 공부짓는다. ⑭ '탐욕이 빛바램을 관찰하면서 들이쉬리라.'며 공부짓고 '탐욕이 빛바램을 관찰하면서 내쉬리라.'며 공부짓는다. ⑮ '소멸을 관찰하면서 들이쉬리라.'며 공부짓고 '소멸을 관찰하면서 내쉬리라.'며 공부짓는다. ⑯ '놓아버림을 관찰하면서 들이쉬리라.'며 공부짓고 '놓아버림을 관찰하면서 내쉬리라.'며 공부짓는다."

30. "라훌라야, 이와 같이 들숨과 날숨에 대한 마음챙김을 닦고 이와 같이 거듭거듭 행하면 실로 큰 결실과 큰 이익이 있다. 라훌라야, 이와 같이 들숨과 날숨에 대한 마음챙김을 닦고 이와 같이 거듭거듭 행하면 마지막 들숨과 날숨이 소멸할 때에도 [멸한다고] 안다. 그것을 모른 채 멸하지 않는다."

세존께서는 이와 같이 설하셨다. 라훌라 존자는 흡족한 마음으로 세존의 말씀을 크게 기뻐하였다.

긴 라훌라 교계경이 끝났다.

들숨날숨에 마음챙기는 공부의 상세한 설명

청정도론, VIII.145~244

145. 세존께서는 "비구들이여, 이 들숨날숨에 마음챙김을 통한 삼매를 닦고 많이 [공부]지으면 전적으로 고요하고 수승하고 순수하고 행복하게 머물고, 나쁘고 해로운[不善] 법들이 일어나는 족족 즉시에 사라지게 하고 가라앉게 한다.(S54:9/v.321)"라고 찬탄하셨다. 그리고 다시 이와 같이 말씀하셨다.

"비구들이여, 그러면 어떻게 들숨날숨에 마음챙김을 통한 삼매를 닦고 어떻게 많이 [공부]지으면 고요하고 수승하고 순수하고 행복하게 머물고, 나쁘고 해로운 법들이 일어나는 족족 즉시에 사라지게 하고 가라앉게 하는가?

비구들이여, 여기 비구가 숲 속에 가거나 나무 아래에 가거나 빈 방에 가거나 하여 가부좌를 틀고 몸을 곧추 세우고 전면에 마음챙김을 확립하여 앉는다. 그는 마음챙기면서 숨을 들이쉬고 마음챙기면서 숨을 내쉰다.

① 길게 들이쉬면서는 '길게 들이쉰다.'고 꿰뚫어 알고(*pajānāti*), 길게 내쉬면서는 '길게 내쉰다.'고 꿰뚫어 안다. ② 짧게 들이쉬면서는 '짧게 들이쉰다.'고 꿰뚫어 알고, 짧게 내쉬면서는 '짧게 내쉰다.'고 꿰뚫어 안다. ③ '온 몸을 경험하면서 들이쉬리라.'며 공부짓고(*sikkhati*) '온 몸을 경험하면서 내쉬리라.'며 공부짓는다. ④ '몸의 작용(*kāya-saṅkhāra*, 身行)을 편안히 하면서 들이쉬리라.'며 공부짓고 '몸의 작용을 편안히 하면서 내쉬리라.'며 공부짓는다.

⑤ '희열을 경험하면서 들이쉬리라.'며 공부짓고 '희열을 경험하면서 내쉬리라.'며 공부짓는다. ⑥ '행복을 경험하면서 들이쉬리라.'며 공부짓고 '행복을 경험하면서 내쉬리라.'며 공부짓는다. ⑦ '마음의 작용(*citta-saṅkhāra*, 心行)을 경험하면서 들이쉬리라.'며 공부짓고 '마음의 작용을 경험하면서 내쉬리라.'며 공부짓는다. ⑧ '마음의 작용을 편안히 하면서 들이쉬리라.'며 공부짓고 '마음의 작용을 편안히 하면서 내쉬리라.'며 공부짓는다.

⑨ '마음을 경험하면서 들이쉬리라.'며 공부짓고 '마음을

경험하면서 내쉬리라.'며 공부짓는다. ⑩ '마음을 기쁘게 하면서 들이쉬리라.'며 공부짓고 '마음을 기쁘게 하면서 내쉬리라.'며 공부짓는다. ⑪ '마음을 집중하면서 들이쉬리라.'며 공부짓고 '마음을 집중하면서 내쉬리라.'며 공부짓는다. ⑫ '마음을 해탈케 하면서 들이쉬리라.'며 공부짓고 '마음을 해탈케 하면서 내쉬리라.'며 공부짓는다.

⑬ '무상을 관찰하면서 들이쉬리라.'며 공부짓고 '무상을 관찰하면서 내쉬리라.'며 공부짓는다. ⑭ '탐욕이 빛바램을 관찰하면서 들이쉬리라.'며 공부짓고 '탐욕이 빛바램을 관찰하면서 내쉬리라.'며 공부짓는다. ⑮ '소멸을 관찰하면서 들이쉬리라.'며 공부짓고 '소멸을 관찰하면서 내쉬리라.'며 공부짓는다. ⑯ '놓아버림을 관찰하면서 들이쉬리라.'며 공부짓고 '놓아버림을 관찰하면서 내쉬리라.'며 공부짓는다.(S.v.322)"

이처럼 세존께서는 열여섯 가지 토대로 들숨날숨에 대한 마음챙김의 명상주제를 설하셨다. 이제 그것을 닦는 방법을 설명하기에 이르렀다.

146. [그것을 닦는 방법은] 성전의 주석에 따라 설하면 모든 측면에서 완성된다. 그러므로 여기서는 성전의 주석을 우선으로 하여 그것을 닦는 방법을 해설할 것이다.

비구들이여, 어떻게 이 들숨날숨에 마음챙김을 통한 삼

매를 닦고에서 우선 **어떻게**라는 단어는 들숨날숨에 마음챙김을 통한 삼매수행을 여러 측면에서 설명하고자함을 나타내는 질문이다. 이 질문에 대한 **비구들이여, 이 들숨날숨에 마음챙김을 통한 삼매를 닦고**라는 문장은 여러 측면에서 설명하기위해 질문했던 그 법을 보여준다. **어떻게 많이 [공부]지으면 … 가라앉게 하는가**에서도 같은 방법이 적용된다.

147. 여기서 **닦는다**는 것은 일으킨다, 혹은 증장시킨다는 뜻이다. **들숨날숨에 마음챙김을 통한 삼매를**이라는 것은 들숨날숨을 파악하는 마음챙김과 함께 하는 삼매 혹은 들숨과 날숨에 대한 마음챙김에 있는 삼매라는 뜻이다. **많이 [공부]지으면**이라는 것은 '거듭거듭 행하면'이라는 뜻이다.

148. **전적으로 고요하고 수승하고:** 전적으로 고요하면서도 전적으로 수승하다. 두 곳 모두 **전적으로**(eva)라는 단어에 의해 결정적인 상태를 알아야 한다.[15]

---

15) 'eva(오직, 전적으로)'라는 단어가 원문에는 'santo(고요하고)' 뒤에만 붙어있지만 그 뜻으로 볼 땐 'paṇīto(수승하고)' 뒤에도 붙어야 한다는 설명이다. 즉 santo와 paṇīto에 모두 해당되어 전적으로 고요하면서도 전적으로 수승하다는 뜻이다.

무슨 뜻인가? [예를 들면] 부정(不淨)을 관하는 명상주제(VI)는 오직 통찰(paṭivedha)이라는 측면에서만 고요하고 수승하지만 대상으로서는 고요하지도 수승하지도 않다. 왜냐하면 [부정관의] 대상은 거칠고 또 혐오스럽기 때문이다.

그러나 이것은 그와 같지 않아서 어떤 이유로도 고요하지 않은 것이 없고 수승하지 않은 것이 없다. 오히려 대상도 고요하고 통찰이라 불리는 [禪의] 구성요소(各支)도 고요하기 때문에 이것은 고요하고 가라앉게 하고 [번뇌의 열을] 식힌다. 다시 이것은 대상을 통해서도 수승하고 [禪의] 구성요소를 통해서도 수승하기 때문에 아무리 가져도 넘치는 것이 아니다. 그러므로 **전적으로 고요하면서도 수승하다**고 설했다.

149. 순수하고 행복하게 머무는 것이다: 여기서 불순물이 없기 때문에 순수한 것(asecana)이다. 순전하고 [준비의 마음 등과] 섞이지 않았고 단독적이고 특정한 것이다. 여기서

그런데 냐나몰리 스님은 이 문장을 '*it is peaceful in both ways and sublime in both ways*'라고 영역했다. 이것은 '구성요소의 측면과 대상의 측면 둘 다에서 이 들숨날숨에 마음챙김을 통한 삼매는 고요하고 수승하다.'라는 아래의 설명에 따라 이렇게 해석한 것 같지만 문맥을 너무 앞서가는 번역이라 해야 하겠다.

는 [까시나의 경우처럼] 준비의 마음이나 근접의 [마음]을 통해서 고요해지는 것이 아니다. 처음에 마음에 가져올 때부터 자신의 고유성질에 의해 고요하고 수승하다는 뜻이다. 그러나 어떤 자들은16) '순전하고 맛을 가졌고 고유성질이 달콤하기 때문에 순수하다.'라고 말한다. 이와 같이 이것은 순수하고 또 본삼매의 매 순간마다 육체적이고 정신적인 행복을 얻게 하기 때문에 행복하게 머무는 것이라고 알아야 한다.

150. **일어나는 족족**: 억압되지 않은 것은 모두. **나쁜**: 저열한. **해로운[不善] 법들**: 능숙하지 못함에서 생긴 법들. 즉 **시에 사라지게 한다**: 순간에 사라지게 한다, 억압한다. **가라앉게 한다**: 완전히 가라앉게 한다. 혹은 이것은 꿰뚫음(*nibbedha*)에 동참하기 때문에 서서히 증장하여 성스러운 도에 이르러서17) [해로운 법들을] 멸절시킨다, 편안히 가라앉게 한다는 뜻을 설했다.18)

---

16) "[아누라다뿌라에 있는] 북쪽의 사원에 살던 자들을 두고 한 말이다. (*uttaravihāravāsike sandhāyāha* —Pm.216)"
17) "이 삼매는 성스러운 도의 토대다. 토대인 이 삼매가 서서히 증장하여 마치 성스러운 도의 상태에 이르는 것과 같다하여 '서서히 증장하여 성스러운 도에 이르러서(*anupubbena ariyamaggavuddhippatto*)'라고 표현했다.(Pm.216)"
18) 이 문단에서는 세 단계로 해로운 심리현상(不善法)을 가라앉히는 것

151. 간략히 설하면 이것은 다음과 같은 뜻이다. '비구들이여, 어떤 방법으로, 어떤 측면으로, 어떤 규칙대로, 어떤 방법으로 들숨날숨에 마음챙김을 통한 삼매를 닦을 때, 전적으로 고요하고 … 나쁘고 해로운 법들이 일어나는 족족 즉시에 사라지게 하고 가라앉게 하는가?'

152. 이제 그 뜻을 상세히 설하기 위해 여기서 **비구들이여**라고 시작하셨다. **비구들이여, 여기 비구가**라는 구절은 '비구들이여, 이 교법(sāsana)에서 비구가'라는 뜻이다. 왜냐하면 **여기**(idha)라는 단어는 모든 측면에서 들숨날숨에 마음챙김을 통한 삼매를 일으키는[19] 사람이 의지할 곳인 [부처님] 교법을 나타내고, 외도들에게는 그런 [의지할 만한 상태]가[20] 있음을 부정하기 때문이다. 이와 같이 설하셨기 때문

을 설명하고 있다. 즉, 삼매의 단계에서는 억압하고(vikkhambheti), 도의 단계에서는 멸절하고(samucchindati), 과의 단계에서는 편안히 가라앉힌다(paṭippasambheti).(Pm 216)

19) "원문의 '모든 측면에서 들숨날숨에 마음챙김을 통한 삼매를 일으키는(sabbappakāra-ānāpānassati-samādhi-nibbattakassa)'에서 'sabbappakāra(모든 측면)'는 본경에서 언급하고 있는 열여섯 가지 측면을 말한다. 이 열여섯 가지는 이 부처님의 교법에서만 알려져 있기 때문이다. 외도들은 이 들숨날숨에 대한 마음챙김을 안다 하더라도 오직 처음 네 가지 측면만을 안다.(Pm.217)"

20) 원문의 tathābhāvapaṭisedhano에서 tathābhāva란 앞서 설한 그런 사람

이다. "비구들이여, 오직 여기에 사문이 있고[21] …. 다른 교설에는 사문이 없다.(M.i.63; A.ii.238 등)" 그러므로 '이 교법에서 비구가'라고 설하신 것이다.

153. **숲 속에 가거나 혹은 … 빈 방에 가거나 하여:** 이것은 그가 들숨날숨에 마음챙김을 통한 삼매를 닦기에 적절한 처소를 찾은 것을 나타낸다. 이 비구의 마음은 오랫동안 형상(色), 소리 등 여러 대상으로 흩어져있기 때문에 들숨날숨에 마음챙김을 통한 삼매의 대상에 오르기를 원하지 않는다. 그것은 마치 거센 황소에 질매를 맨 달구지가 궤도를 벗어나는 것과 같다. 예를 들면 목동이 거센 어미 소의 젖을 먹고 자란 거센 송아지를 길들이기를 원할 때 어미 소로부터 떼어내어 한 쪽에다 땅 속에 큰 기둥을 박고 그곳에 밧줄로 묶을 것이다. 그러면 그의 송아지는 여기저기를 처박아보지만 도망 갈 수 없을 때 그 기둥 곁에 앉거나 누울 것이다.

이와 같이 이 비구도 오랫동안 형상 등의 대상 등인 먹을 것[22]과 마실 것으로 자란 못된 마음을 단련시키기를 원할

들이 의지할 만한 상태라고 Pm.에서는 설명한다.(*yathāvuttassa puggalassa nissayabhāvapaṭisedhanoti attho.*— Pm.217.)
21) "모든 측면에서 들숨날숨에 마음챙김을 통한 삼매를 일으킨 자가 사문이 해야 할 일을 완성한 자이다.(Pm.217)"
22) "먹을 것이란 형상, 소리 등을 반연하여 생긴 영양소를 뜻한다(Pm.

때 형상 등의 대상으로부터 격리시켜 숲 속이나 빈 방으로 가져가서 그곳에서 들숨과 날숨의 기둥에 마음챙김의 밧줄로 묶어야 한다. 그러면 그의 마음은 이곳저곳으로 부딪혀보지만 이전에 친숙했던 대상을 찾을 수 없고 또한 마음챙김의 밧줄을 끊고 도망갈 수도 없을 때 근접삼매와 본삼매를 통해 그 대상에 앉고 눕는다.

154. 그러므로 옛 스승들은 말씀하셨다.

> 여기 마치 송아지를 길들이는 사람이
> 기둥에다 묶는 것처럼
> 자기의 마음을 마음챙김으로
> 대상에 굳건히 묶어야 한다.

이처럼 이런 처소가 수행하기에 적절하다. 그러므로 위와 같이 설했다. 이것은 수행자가 들숨날숨에 마음챙김을 통한 삼매를 닦기에 적절한 처소를 찾은 것을 나타낸다.

155. 혹은 이 들숨날숨에 마음챙기는 명상주제는 명상주제들 가운데 가장 으뜸가고, 모든 부처님과 벽지불과 부처님의 제자들이 특별함을 얻는 것의 가까운 원인이고, 금생에

---

217)."

행복하게 머무는 것의 가까운 원인이다.23) 여자, 남자, 코끼리, 말 등의 소리가 뒤섞여있는 마을의 경계를 떠나지 않고서는 이것은 쉽게 닦을 수 없다. 시끄러움은 禪의 가시이기 때문이다. 마을이 없는 숲 속에서 수행자는 쉽게 명상주제를 들고 들숨날숨을 통해서 네 번째 禪을 일으키고 그것을 기초로 삼아 상카라[行]들을 명상하면서 가장 높은 과위인 아라한과에 이를 수 있다. 그러므로 그에게 적절한 거처를 보이기 위해 세존께서 **숲 속에 가거나**라고 시작하셨다.

156. 세존은 터를 보는 기술[宅地學]의 대가와 같다. 그 택지학의 대가는 계획도시의 땅을 보고 면밀히 조사하고는 '여기에 도시를 건설하라.'고 지시한다. 안전하게 도시가 만들어졌을 때 그는 왕가로부터 큰 영광을 얻는다. 이와 같이 세존은 적절한 거처를 검증한 뒤 수행자에게 '여기서 명상주제를 들어라.'고 지시하신다. 나중에 그곳에서 명상주제를 든 수행자가 아라한과를 얻었을 때 '참으로 세존은 정등각자이시다.'라고 세존은 큰 영광을 얻는다.

---

23) "모든 부처님과 몇몇 벽지불과 부처님의 제자들이 특별함을 얻는 것의 가까운 원인이고, 다른 명상주제로 특별함을 얻은 자들이 금생에 행복한 삶을 사는 것의 가까운 원인이다.(Pm.217)"

157. 이 비구는 표범과 같다고 말한다. 마치 거대한 표범의 왕이 풀이 우거진 황무지나 숲의 정글이나 바위투성이인 황무지에 숨어서 거센 물소나 거센 황소나 돼지 등 야수들을 잡듯이 숲 속 등에서 명상주제를 드는 비구는 차례대로 예류도, 일래도, 불환도, 아라한도와 [네 가지] 성스러운 과를 얻는다고 알아야 한다. 그러므로 옛 스승들은 말씀하셨다.

> 마치 표범이 잠복하여 야수들을 잡듯이
> 부지런히 수행하고 위빳사나를 닦는
> 부처님의 아들도 숲 속에 들어가서
> 최상의 과위를 증득한다.(Miln.369)

그러므로 그에게 수행을 촉진하기에 적절한 곳으로 숲 속의 거처를 보이시면서 세존께서 '숲 속에 가서'라고 말씀을 시작하신 것이다.

158. **숲 속에 가서:** 여기서 숲이란 "마을의 경계인 석주 밖을 나가면 모든 것은 숲이다"와 "숲 속 거처란 오백 활 길이만큼 떨어진 곳이다"로 설명하였다.(Ⅱ. §49) 이런 특징을 가진 숲들 가운데서 한적함의 즐거움을 가진 어떤 숲 속에 가

서. **나무 아래에 가서:** 나무 근처에 가서. **빈 방에 가서:** 비었고 한적한 공간에 가서. 여기서 숲과 나무 아래를 제외하고 나머지 일곱 가지 장소24)에 간 것도 빈 방에 간 것이라고 말할 수 있다.

159. 이와 같이 세 계절에 적절하고, 세 가지 체액과 기질에 적절하고,25) 들숨날숨에 대한 마음챙김을 닦기에 적절한 거처를 보이시고, 해이함이나 들뜸에 빠지지 않는 고요한 자세를 보이시면서 **앉는다**라고 설하셨다. 그 다음에 앉아있는 자세의 고정된 상태와 들숨날숨이 쉽게 일어남과 대상을 파악하는 방편을 보이시면서 **가부좌를 틀고**라고 시작하셨다.

160. **가부좌:** 넓적다리를 완전히 맞물리게 해서 앉는 것이다. **틀고(접고):** 고착시키고, **몸을 곧추 세우고:** 몸을 곧바로 세우고서, 열여덟 개의 등뼈의 끝이 다른 끝에 닿도록 두

---

24) "바위, 낭떠러지, 동굴, 묘지, 밀림, 노지, 짚더미이다.(Pm.218)"
25) "여름 등 세 계절과 가래 등 세 체액과 무지한 기질 등 세 기질에 적절한의 뜻이다. 왜냐하면 여름에는 숲 속이 적절하고, 겨울에는 나무 아래가, 우기에는 빈 방이 적절하다. 가래가 많은 사람에게 숲 속이, 쓸개즙이 많은 사람에게 나무 아래가, 바람이 많은 사람에게 빈 방이 적절하다. 무지한 기질의 사람에게 숲 속이, 성내는 기질의 사람에게 나무 아래가, 탐하는 기질의 사람에게 빈 방이 적절하다.(Pm.218)"

고, 이와 같이 앉을 때 그의 피부와 살과 힘줄이 꼬이지 않는다. 만약 그들이 꼬이면 그것으로 인해 순간순간에 느낌들이 일어나겠지만 [바르게 앉았기 때문에] 일어나지 않는다. 그들이 일어나지 않을 때 그의 마음은 하나가 된다. 명상주제로부터 떨어지지도 않고, 오히려 [특별함을 얻기 위해] 증장하고 강해진다.

161. **전면에 마음챙김을 확립하고**(parimukhaṁ satiṁ upaṭṭhapetvā): 명상주제를 향하여 마음챙김을 두고. 혹은 "접두어 *pari*(둘레에, 원만히)는 철저히 파악한다는 뜻이고, *mukhaṁ*(입, 얼굴)은 출구의 뜻이며, *sati*(마음챙김)는 확립한다는 뜻이다. 그러므로 *parimukhaṁ satiṁ*(철저히 파악하여 출구가 되는 마음챙김)이라고 설했다.(Ps.i.176)"[26] 이와 같이 『무애해도』에서 설한 방법에 따라서도 이 뜻을 알아야 한다. 간략히 설하면 '철저히 파악하여 [반대되는 심리현상인 잊어버림으로부터] 출구인 마음챙김을 [공부]짓고'라는 뜻이다.

162. **그는 오직 마음챙기면서 숨을 들이쉬고 마음챙기면서 숨을 내쉰다**: 그 비구는 이와 같이 앉아서 이와 같이

---

26) "*parī ti pariggahaṭṭho, mukhan ti niyyānaṭṭho, satī ti upaṭṭhānaṭṭho; tena vuccati parimukhaṁ satiṁ*"

마음챙김을 확립하여 그 마음챙김을 버리지 않고 오직 마음챙기면서 숨을 들이쉬고 마음챙기면서 숨을 내쉰다.

첫 번째 네 개조를 수행하는 방법

163. (1) 여러 방법으로 그는 **마음챙김을 닦는 자**(*satokāri*)가 된다. 이제 그 방법들을 보여주기 위해 **길게 들이쉬면서는**이라고 시작하셨다. 『무애해도』에서 **그는 오직 마음챙기면서 숨을 들이쉬고 마음챙기면서 숨을 내쉰다**라는 구절의 분석에서 이와 같이 설하셨다.

"그는 32가지 방법으로 마음챙기면서 [공부]짓는다. (i) 길게 들이쉼을 통해 마음이 하나됨과 흩어지지 않음을 꿰뚫어 알 때 그에게 마음챙김이 확립된다. 그 마음챙김과 그 지혜 때문에 그는 마음챙김을 닦는 자(*satokāri*)가 된다. (ii) 길게 내쉼을 통해 ⋯ (xxxi) 놓아버림을 관찰하면서 들이쉼을 통해, (xxxii) 놓아버림을 관찰하면서 내쉼을 통해 마음이 하나됨과 흩어지지 않음을 꿰뚫어 알 때 그에게 마음챙김이 확립된다. 그 마음챙김과 그 지혜 때문에 그는 마음챙김을 닦는 자가 된다.(Ps.i.176-77)"

164. **길게 들이쉬면서**: 들숨을 길게 일으키면서. "앗사

사(*assāsa*)는 밖으로 나가는 바람이고, 빳사사(*passāsa*)는 안으로 들어오는 바람이다"라고 율장의 주석서에서 설했다. 그러나 경장의 주석서에서는 그 반대의 뜻으로 설했다. 모든 태아들이 모태로부터 나올 때에 처음에 안의 바람이 밖으로 나온다. 그 다음에 밖의 바람이 가는 먼지와 함께 안으로 들어가면서 입천장에 닿아 멸한다. [그로 인해 유아는 재치기를 한다]. 이와 같이 우선 들숨날숨을 알아야 한다.

165. 들숨날숨의 길고 짧음은 시간으로써[27] 알아야 한다. 일정한 공간의 범위를 채우고 있는 물이나 혹은 모래를 긴 물, 긴 모래, 짧은 물, 짧은 모래라고 한다. 코끼리와 뱀의 몸의 경우 들숨과 날숨은 미세하고 아주 미세하여 몸이라 부르는 그들의 긴 공간을 천천히 채우고 천천히 나간다. 그러므로 길다고 한다. 개와 토끼 등의 경우 몸이라 불리는 짧은 공간을 급히 채우고 급히 나간다. 그러므로 짧다고 한다.

166. 인간들의 경우 어떤 자는 코끼리와 뱀의 경우처럼 긴 시간을 통해 길게 들이쉬고 내쉰다. 어떤 자는 개나 토끼

---

27) 이 '*addhāna*'라는 단어는 시간과 장소의 범위를 나타낸다. 물, 모래, 코끼리, 뱀 등의 예문으로 그 장소의 범위의 크기를 보인 뒤 다시 시간의 길이로 들숨과 날숨의 길고 짧은 것을 설명하기 위해서 '*yathā hi*'라고 시작하는 문단을 설했다(Pm.219)

의 경우처럼 짧게 한다. 그러므로 시간에 따라 오랜 시간 동안 나가고 들어오는 것이 긴 것이고, 짧은 시간 동안 나가고 들어오는 것이 짧은 것이라고 알아야 한다.

167. 이 비구는 [다음의] 아홉 가지 방법으로 길게 들이쉬고 길게 내쉬면서 '길게 들이쉰다, 길게 내쉰다.'고 꿰뚫어 안다. 이와 같이 꿰뚫어 알 때 그에게 한 가지 토대로 몸을 관찰하는[身隨觀] 마음챙김을 확립하는 수행이 완성되었다고 알아야 한다.

168. 왜냐하면 『무애해도』에서 이렇게 설하셨기 때문이다. "어떻게 길게 들이쉬면서 '길게 들이쉰다.'고 꿰뚫어 알고, 길게 내쉬면서 '길게 내쉰다.'고 꿰뚫어 아는가? ① 그는 긴 시간 동안 긴 들숨을 들이쉬고 ② 긴 시간 동안 긴 날숨을 내쉬고 ③ 긴 시간 동안 긴 들숨과 날숨을 들이쉬고 내쉰다. 긴 시간 동안 긴 들숨과 날숨을 들이쉬고 내쉴 때 열의(*chanda*)가 일어난다.

④ 열의를 통해 그 전보다 더 미세하게 긴 시간 동안 긴 들숨을 들이쉬고 ⑤ 열의를 통해 그 전보다 더 미세하게 긴 시간 동안 긴 날숨을 내쉬고 ⑥ 열의를 통해 그 전보다 더 미세하게 긴 시간 동안 긴 들숨과 날숨을 들이쉬고 내쉰다.

열의를 통해 그 전보다 더 미세하게 긴 시간 동안 긴 들숨과 날숨을 들이쉬고 내쉴 때 기쁨(pāmojja)이 일어난다.

⑦ 기쁨을 통해 그 전보다 더 미세하게 긴 시간 동안 긴 들숨을 들이쉬고 ⑧ 기쁨을 통해 그 전보다 더 미세하게 긴 시간 동안 긴 날숨을 내쉬고 ⑨ 기쁨을 통해 그 전보다 더 미세하게 긴 시간 동안 긴 들숨과 날숨을 들이쉬고 내쉰다. 기쁨을 통해 그 전보다 더 미세하게 긴 시간 동안 긴 들숨과 날숨을 들이쉬고 내쉴 때 그의 마음은 긴 들숨과 날숨으로부터 선회하여 평온(upekkhā, 捨)이 확립된다.

이 아홉 가지 방법에 의한 긴 들숨과 날숨은 몸이고, 마음챙김은 토대(확립)고, 관찰이 지혜(ñāṇa)다. 몸은 토대(확립)지만 그것은 마음챙김은 아니다. 마음챙김은 토대(확립)이면서 또한 마음챙김이다. 이 마음챙김과 이 지혜로 그는 그 몸을 관찰한다. 그러므로 몸에서 몸을 관찰하는 마음챙김을 확립하는 수행이라 한다.(Ps.i.177)"

169. (2) 이 방법은 짧은 숨의 구절에도 적용된다. 그러나 차이점이 있다. 앞의 경우에는 '긴 시간 동안 긴 들숨'이라고 설했고 여기서는 '짧은 시간 동안 짧은 들숨'이라고 했다. 그러므로 "그래서 몸에서 몸을 관찰하는 마음챙김을 확립하는 수행이라 한다.(Ps.i.183)"라는 구절까지 '짧다.'라는 단어와 함

께 결합해야 한다.

170. 이와 같이 이 비구가 길고 짧은 것으로써 이 아홉 가지 방법에 의해 들숨과 날숨을 꿰뚫어 알 때 길게 들이쉬면서는 '길게 들이쉰다.'고 꿰뚫어 알고 … 짧게 내쉬면서는 '짧게 내쉰다.'고 꿰뚫어 안다고 알아야 한다. 그가 이와 같이 알 때,

> 긴 숨과 짧은 숨, 들이쉼과 내쉼
> 이 네 가지가 비구의 코끝에서 일어난다.

171. **(3) 온 몸을 경험하면서 들이쉬리라 … 내쉬리라고 공부짓는다:** 온 들숨의 몸[28]의 처음과 중간과 끝을 체험하면서, 분명하게 하면서 들이쉬리라고 공부짓는다. 온 날숨의 몸의 처음과 중간과 끝을 체험하면서, 분명하게 하면서 내쉬리라고 공부짓는다. 이와 같이 체험하면서, 분명하게 하면서 지혜와 함께 한 마음으로 들이쉬고 내쉰다. 그러므로 '들이쉬리라 내쉬리라고 공부짓는다.'고 한다.

172. 어떤 비구에게는 미세한 입자들에 분포된 들숨의

---

28) 여기서 밝히고 있듯이 이 문맥에서 몸(kāya)은 호흡 그 자체를 나타낸다.

몸이나 혹은 날숨의 몸의 처음은 분명하지만 중간과 끝은 분명하지 않다. 그는 오직 처음만 파악할 수 있고 중간과 끝에 대해서는 어렵다. 어떤 자에게는 중간은 분명한데 처음과 끝은 분명하지 않다 … 어떤 자에게는 끝은 분명하지만 처음과 중간이 분명하지 않다. 그는 오직 끝만 파악할 수 있고 처음과 중간에 대해서는 어렵다. 어떤 자에게는 모두 분명하다. 그는 모든 것을 파악할 수 있다. 어느 곳에도 어려움이 없다. 수행자는 마지막에 언급한 그런 자가 되어야 한다는 것을 보이면서 '온 몸을 경험하면서 내쉬리라 … 들이쉬리라고 공부짓는다.'고 설했다.

173. 여기서 **공부짓는다**는 것은 이처럼 온 몸을 경험하면서 들이쉬고 내쉬리라면서 노력하고 정진한다는 뜻이다. [들숨날숨에 대한 마음챙김을 닦는] 그러한 자의 단속(*saṁvara*)29)이 높은 계를 공부짓는 것(*adhisīla-sikkhā*, 增上戒學)이고, 삼매는 높은 마음을 공부짓는 것(*adhicitta-sikkhā*, 增上心學)이고, 통찰지는 높은 통찰지를 공부짓는 것(*adhipaññā-sikkhā*, 增上慧學)이다. 그는 그 대상에 대해 그 [들숨날숨에 대한] 마음챙김과 마음에 잡도리함과 함께 이 세 가지 공부지음을 짓고 반복하고 닦고 거듭거듭 행한다라고 이와 같이 여기서 그

---

29) "여기서 단속(*saṁvara*)은 마음챙김 혹은 정진을 뜻한다.(Pm.220)"

뜻을 알아야 한다.

174. 여기서 첫 번째의 [두] 방법에서는 단지 들이쉬고 내쉬어야만 한다. 더 이상 해서는 안된다. 그 다음부터 지혜를 일으키는 것 등에 대해 노력을 해야 한다. 그러므로 성전에는 '들이쉰다고 꿰뚫어 알고, 내쉰다고 꿰뚫어 안다.'고 이와 같이 현재의 시제로 말씀하고 계신다. 그 다음에는 지혜 일으키는 것 등을 해야 하는데 이러한 측면을 보이기 위해 성전에서는 '온 몸을 경험하면서 들이쉬리라.'라는 방법으로 미래의 시제가 사용되었다고 알아야 한다.

175. **(4) 몸의 작용(身行)을**[30] **편안히 하면서 들이쉬리라 … 내쉬리라고 공부짓는다:** 거친 몸의 작용을 편안히 하면서, 지극히 편안히 하면서, 멈추면서, 가라앉히면서, 들이쉬리라 내쉬리라고 공부짓는다.

176. 여기서 이와 같이 거칠고 미세한 상태와 편안함을 알아야 한다. 이 비구가 그 전에 [명상주제를] 파악하지 않았을 때에는[31] 그의 몸과 마음은 불안하고 거칠었다. 몸과

---

[30] "여기서 몸의 작용(身行)이란 들숨날숨을 말한다. 비록 이것은 마음에서 생긴 것이지만 그것의 존재가 몸에 묶여있고 몸을 통해 형성되기 때문에 몸의 작용이라 부른다.(Pm.220)"

마음의 거친 상태가 가라앉지 않을 때에는 들숨날숨도 거칠다. 더 강하게 일어난다. 코로 숨을 쉴 수가 없다. 입으로 들이쉬고 내쉬면서 머문다. 그러나 그의 몸과 마음이 파악될 때 그들은 고요해지고 가라앉는다. 그들이 가라앉을 때 들숨날숨도 미세하게 일어난다. 들숨날숨이 있는지 없는지 조사해봐야 할 상태에 이르게 된다.

177. 마치 어떤 사람이 달리기를 했거나 산에서 뛰어내려왔거나 무거운 짐을 머리에서 막 내려놓고 섰을 때 그의 들숨날숨은 거칠다. 코로 숨을 쉴 수가 없다. 입으로 들이쉬고 내쉬면서 서있다. 그러나 피로를 가시게 한 다음 목욕하고 물을 마시고 젖은 수건을 가슴에 얹고 시원한 그늘에 누워있을 때 그의 들숨날숨들은 미세하다. 있는지 없는지 조사해봐야 할 상태에 이르는 것과 같다.

이와 같이 이 비구가 그 전에 [명상주제를] 파악하지 않았을 때에는 그의 몸과 마음은 불안하고 거칠었다. 몸과 마음의 거친 상태가 가라앉지 않을 때엔 들숨날숨도 거칠다. 더 강하게 일어난다. 코로 숨을 쉴 수가 없다. 입으로 들이쉬고 내쉬면서 머문다. 그러나 그의 몸과 마음이 파악될 때 그들

---

31) "'파악하지 않았을 때에는(*apariggahitakāle*)'이란 명상주제를 들지 않아서 몸과 마음을 파악하지 못했을 때라는 뜻이다.(Pm.220)"

은 고요해지고 가라앉는다. 그들이 가라앉을 때 들숨날숨도 미세하게 일어난다. 들숨날숨이 있는지 없는지 조사해봐야 할 상태에 이르게 된다.

178. 그것은 무슨 이유인가? 그가 그전에 명상주제를 파악하지 않았을 때는 '거친 몸의 작용[身行]을 연속적으로 편안히 한다.'라고 관심을 갖지 않았고 마음에 두지 않았고 마음에 잡도리하지 않았고 반조하지 않았다. 그러나 파악했을 때에는 그런 것이 있었다. 그러므로 그가 파악하지 않았을 때보다 파악했을 때 몸의 작용은 미세하다. 그래서 옛 스승들은 말씀하셨다.

몸과 마음이 격렬할 때에는 강하게 일어나고
격렬하지 않을 때에는 미세하게 일어난다.

179. [명상주제를] 파악하더라도 아직 몸의 작용은 거칠다. 초선의 근접에서는 미세하다. 이곳에서도 거칠고 초선의 [본삼매]에서는 미세하다. 초선과 제2선의 근접에서도 거칠고 제2선에서는 미세하다. 제2선과 제3선의 근접에서도 거칠고 제3선에서는 미세하다. 제3선과 제4선의 근접에서도 거칠고 제4선에서는 매우 미세하여 그것이 일어나지 않음에 이른다. 이것은 우선 『장부』를 외우는 스승과 『상응부』를

외우는 스승들의 견해이다.

그러나 『중부』를 외우는 스승들은 '초선에서 몸의 작용은 거칠고 제2선의 근접에서는 미세하다. 이와 같이 각 아래의 禪에서보다 그 위 禪의 근접에서 더 미세하다.'고 주장한다.

그러나 모든 분들의 견해에 따르면 [명상주제를] 파악하기 전에 일어난 몸의 작용은 파악할 때에 편안하게 된다. 파악할 때 일어난 몸의 작용은 초선의 근접에서 … 제4선의 근접에서 일어난 몸의 작용은 제4선의 [본삼매]에서 편안하게 된다. 이것은 우선 사마타의 경우에 설명하는 방법이다.

180. 위빳사나의 경우는 이러하다. 파악하지 않을 때 일어난 몸의 작용은 거칠고, 사대를 파악할 때 그것은 미세하다. 이것도 거칠고 [사대에서] 파생된 물질[32]을 파악할 때 그것은 미세하다. 이것도 거칠고 모든 물질(rūpa, 色)을 파악할 때 그것은 미세하다. 이것도 거칠고 정신(nāma, 名)을 파악할 때 그것은 미세하다. 이것도 거칠고 물질과 정신(rūpa-arūpa)을 파악할 때 그것은 미세하다. 이것도 거칠고 조건(paccaya, 緣)을 파악할 때 그것은 미세하다. 이것도 거칠고

---

32) 파생된 물질은 『길라잡이』 6장 §2의 2번 해설과 본서 XIV. §36이하를 참조할 것.

이런 조건과 함께 정신·물질(nāma-rūpa, 名色)을 파악할 때 그것은 미세하다. 이것도 거칠고 [무상, 고, 무아의] 특징을 대상으로 가지는 위빳사나에서 그것은 미세하다. 그것도 약한 위빳사나에서는 거칠고 강한 위빳사나에서는[33] 미세하다. 여기서도 앞서 설한 방법대로 각각 이전의 몸의 작용이 그 다음의 몸의 작용에 의해 편안해짐을 알아야 한다. 이와 같이 여기서 거칠고 미세한 상태와 편안함을 알아야 한다.

181. 그러나 『무애해도』에서는 여기에 대해서 이의를 제기하고 답변을 제시하는 형식으로 이 [몸의 작용을 편안히 한다는 구절]의 뜻을 다음과 같이 설하셨다.

"어떻게 몸의 작용을 편안히 하면서 들이쉬리라 … 내쉬리라고 공부짓는가? 무엇이 몸의 작용인가? 몸에 속해있는 긴 들숨과 날숨, 몸과 연결되어 있는 이 법들이 몸의 작용이다. 이 몸의 작용들을 편안히 하고 소멸하고 가라앉히면서 공부짓는다. 특정한 어떤 몸의 작용에 의해서 몸이 앞으로 굽고 옆으로 굽고 모든 방향으로 굽고 뒤로 굽고 앞으로 흔들리고 동요하고 움직이고 떨림이 있을 때, 그런 몸의 작용

---

[33] "역겨움의 관찰부터가 강한 위빳사나이고 그 이전은 약한 위빳사나이다.(Pm.221)" '역겨움을 관찰하는 지혜'는 XXI. §§43-44와 §50을 참조할 것.

을 편안히 하면서 들이쉬리라고 공부짓고 그런 몸의 작용을 편안히 하면서 내쉬리라고 공부짓는다. 특정한 어떤 몸의 작용에 의해서 몸이 앞으로 굽지 않고 옆으로 굽지 않고 모든 방향으로 굽지 않고 뒤로 굽지 않고 앞으로 흔들리지 않고 동요하지 않고 움직이지 않고 떨림이 없을 때, 그런 고요하고 미세한 몸의 작용을 편안히 하면서 들이쉬리라 … 내쉬리라고 공부짓는다."

182. "[이의를 제기함]: 만약 '몸의 작용을 편안히 하면서 들이쉬리라고 공부짓는다. 몸의 작용을 편안히 하면서 내쉬리라고 공부짓는다.'고 한다면 그럴 경우 [들숨날숨의] 바람에 대한 알아차림도 없고, 들숨날숨의 일어남도 없고, 들숨날숨에 대한 마음챙김의 일어남도 없고, 들숨날숨에 마음챙김을 통한 삼매의 일어남도 없다. 이런 까닭에 지자들이 그 증득(*samāpatti*, 等至)에 들어감도 없고 나옴도 없다."[34]

183. "[답변]: '몸의 작용을 편안히 하면서 들이쉬리라고 공부짓는다. 몸의 작용을 편안히 하면서 내쉬리라고 공부짓는다.'고 했다. 이럴 경우 [들숨날숨의] 바람에 대한 알아차림도 있고, 들숨날숨의 일어남도 있고, 들숨날숨에 대한 마

---

34) 원문의 '*na ca naṁ taṁ*'에 있는 *naṁ*은 단지 불변사이다(Pm.221).

음챙김의 일어남도 있고, 들숨날숨에 마음챙김을 통한 삼매의 일어남도 있다. 이런 까닭에 지자들이 그 증득에 들어감도 있고 나옴도 있다."

184. "마치 무엇과 같은가? 예를 들면 금속으로 만든 징을 두드렸을 때 처음에 거친 소리가 생긴다. 거친 소리의 표상을 잘 취했고, 잘 마음에 잡도리 했고, 잘 주시했기 때문에 거친 소리가 멸했을 때에도 [그것을 대상으로] 마음이 일어난다. 그 뒤에 희미한 소리가 생긴다. 희미한 소리의 표상을 잘 취했고, 잘 마음에 잡도리 했고, 잘 주시했기 때문에 희미한 소리가 멸했을 때에도 그 뒤에 [그것을 대상으로] 마음이 일어난다. 왜냐하면 그것은 희미한 소리의 표상을 대상으로 가졌기 때문이다.

이와 같이 처음에는 거친 들숨날숨이 일어난다. 거친 들숨날숨의 표상을 잘 취했고, 잘 마음에 잡도리했고, 잘 주시했기 때문에 거친 들숨날숨이 멸했을 때에도 마음이 흩어지지 않는다. 그 뒤에 미세한 들숨날숨이 일어난다. 미세한 들숨날숨의 표상을 잘 취했고, 잘 마음에 잡도리했고, 잘 주시했기 때문에 미세한 들숨날숨이 멸했을 때에도 그 뒤에 마음이 흩어지지 않는다. 왜냐하면 그것은 미세한 들숨날숨의 표상을 대상으로 가졌기 때문이다.

이와 같이 몸의 작용을 편안히 할 때 [들숨날숨의] 바람에 대한 알아차림도 있고, 들숨날숨의 일어남도 있고, 들숨날숨에 대한 마음챙김의 일어남도 있고, 들숨날숨에 마음챙김을 통한 삼매의 일어남도 있다. 이런 까닭에 지자들이 그 증득에 들어감도 있고 나옴도 있다."

185. "몸의 작용을 편안히 하는 들숨과 날숨은 몸이고, 확립은 마음챙김이고, 관찰은 지혜다. 몸은 확립이지만 마음챙김은 아니다. 마음챙김은 확립이자 또한 마음챙김이다. 이런 마음챙김과 이런 지혜로 그는 그 몸을 관찰한다. 그러므로 몸에서 몸을 관찰하는 마음챙김을 확립하는 수행이라 한다.(Ps.i.184-86)"

이것이 몸을 관찰하는 것을 다룬 첫 번째 네 개조의 차례에 따른 설명이다.

186. 여기서 이 첫 번째 네 개조는 초심자를 위한 명상주제로 설했다. 그러나 나머지 세 가지의 네 개조는 이 첫 번째 네 개조에서 禪을 얻은 자에게 느낌, 마음, 법의 관찰로 설했다. 그러므로 이 명상주제를 닦아서 들숨날숨에서 생긴 제4선을 바탕한 위빳사나를 통해 무애해를 겸한 아라한과를 얻기를 원하는 초심자인 선남자는 앞서 설한 방법대로 계를

청정히 가지는 등 해야 할 일을 모두 한 다음, 앞서 설한 그런 스승의 곁에서 이제 다섯 단계의 명상주제를 배워야 한다.

187. 여기서 다섯 단계는 다음과 같다. 배움, 질문, 확립, 본삼매, 특징이다. 여기서 ① 배움(*uggaha*)이란 명상주제를 배우는 것이다. ② 질문(*paripucchā*)이란 명상주제를 질문하는 것이다. ③ 확립(*upaṭṭhāna*)이란 명상주제를 확립하는 것이다. ④ 본삼매(*appanā*)란 명상주제를 통한 본삼매다. ⑤ 특징(*lakkhaṇa*)이란 명상주제의 특징이다. 이 명상주제는 이런 특징을 가졌다라고 명상주제의 고유성질을 확정하는 것이다.

188. 이와 같이 다섯 단계의 명상주제를 배울 때 자신을 피로하게 해서도 안되고 스승을 심란하게 해서도 안된다. 그러므로 한 번에 조금씩 설명을 듣고 오랜 시간 암송해야 한다. 이와 같이 다섯 단계로 명상주제를 배우고 스승의 곁이나 앞서 설한 그런 다른 거처에서 살면서 사소한 장애들을 끊고, 공양을 마친 다음 식곤증을 떨쳐버리고 편안히 앉아서, 삼보를 계속해서 생각함으로써 마음을 기쁘게 하고, 스승으로부터 배운 것 가운데 단 한 구절도 혼돈하지 않고, 이 들숨날숨에 대한 마음챙김의 명상주제를 마음에 잡도리해야

한다.

189.
여기서 마음에 잡도리하는 방법은 다음과 같다.

헤아림, 연결, 닿음, 안주함, 주시
환멸(還滅), 두루 청정함, 그들을 되돌아봄35)

여기서 ① 헤아림(gaṇanā)이란 단지 헤아리는 것이다. ② 연결(anubandhanā)이란 쫓아감이다. ③ 닿음(phusanā)이란 닿는 곳이다. ④ 안주함(ṭhapanā)이란 본삼매이다. ⑤ 주시(sallakkhaṇā)란 위빳사나이다. ⑥ 환멸(vivaṭṭanā)이란 도다. ⑦ 두루 청정함(pārisuddhi)이란 과다. ⑧ 그들을 되돌아봄(paṭipassanā)이란 반조다.

190.
[① 헤아림(gaṇanā)]: 초심자인 선남자는 처음에 **헤아림**으로 이 명상주제를 마음에 잡도리해야 한다. 헤아릴 때 다섯이 되기 전에 멈추어서는 안된다. 열 번을 넘겨서도 안된다. 중간에 헤아리는 것을 흩뜨려서도 안된다. 다섯이 되기 전에 멈출 때 [다섯도 안되는 그 숫자의] 좁은 범위에

---

35) 『청정도론』에 나타나는 이 8가지 단계는 들숨날숨에 마음챙기는 공부에서 가장 긴요한 설명으로 남방에서는 아주 중요시 되는 가르침이다.

서 마음[心]과 마음부수[心所]가 흥분하기 때문이다. 마치 비좁은 우리에 가두어 둔 소 떼처럼. 열 번이 넘을 때 마음과 마음부수는 [호흡 대신] 헤아리는 것에 매달리게 된다. 중간에 헤아리는 것을 흩뜨릴 때 명상주제가 정점에 달했는지 아닌지 마음이 어수선하다. 그러므로 이 결점들을 피하고 헤아려야 한다.

191.

헤아릴 때 처음에는 천천히 헤아려야 한다. 마치 곡식을 되는 사람이 헤아리는 것처럼. 곡식을 되는 사람은 되를 채우고는 '하나'라고 말하면서 붓는다. 다시 채우면서 작은 티끌이라도 보면 그것을 가려내면서 '하~나'라고[36] 말한다. 이 방법은 '두~울' 등에도 적용된다. 이와 같이 들숨날숨에서 드러나는 것을 잡고서 '하~나'라고 시작하여 열 번에 이를 때까지 일어나는 대로 [계속해서] 그것을 주시하면서 헤아려야 한다.

192.

그가 이와 같이 헤아릴 때 들어오고 나가는 들숨날숨이 분명해진다. 이처럼 [분명해지면] 그는 곡식을 되는 사람이 하는 것과 같은 천천히 헤아림을 버리고, 목동이 하는 것처럼 빨리 헤아려야 한다. 영리한 목동은 작은 돌을 그의

---

36) 원문은 '*ekaṁ ekan ti*(하나, 하나 라고)'이다.

호주머니에 넣고 채찍을 손에 들고 아침에 소우리로 가서 소의 등을 때려 문간의 기둥에 앉아 문으로 나오는 소마다 하나 둘 하면서 작은 돌을 던지면서 헤아린다. 밤의 삼경을 비좁은 공간에서 불편하게 지냈던 소 떼들은 나오면서 서로서로 밀어제치면서 급히 무더기로 나온다. 그는 급히 셋, 넷, 다섯, 열 까지 헤아린다. 이와 같이 그가 앞서 설한 [빨리 헤아리는] 방법대로 헤아릴 때 들숨과 날숨이 분명해져서 빨리빨리 반복해서 움직인다.

193. 그때 그들이 반복해서 움직인다고 알고서는 안과 밖을 취하지 말고 오직 그들이 도달하는 [콧구멍의] 문에 닿은 것만을 취하여 '하나, 둘, 셋, 넷, 다섯; 하나, 둘, 셋, 넷, 다섯, 여섯; 하나, 둘, 셋, 넷, 다섯, 여섯, 일곱; … 여덟; … 아홉; … 열'하면서 빨리빨리 헤아려야 한다. 명상주제가 헤아림과 연결되어 있을 때 헤아리는 힘으로 마음이 하나가 된다. 마치 키의 도움으로 격류에서 배가 머무는 것처럼.

194. 그가 이와 같이 빨리빨리 반복해서 헤아릴 때 명상주제가 끊임없는 진행(*pavatta*)으로 나타난다. 그러면 끊임없는 진행이라 알고서 [몸의] 안과 밖의 바람을 파악하지 말고 앞서 설한 방법대로 빨리 헤아려야 한다. 안으로 들어가는

바람과 함께 마음을 안으로 가져갈 때 [그 부분이] 안의 바람에 의해 타격을 받고 굳기름이 가득 차는 것처럼 느껴진다.37) 밖으로 나가는 바람과 함께 마음을 밖으로 가져갈 때 갖가지 대상에 마음이 흩어진다. 숨이 닿는 부분에 마음챙김을 두고38) 닦을 때 그의 수행은 성취된다. 그래서 말하기를 '[몸의] 안과 밖의 바람을 파악하지 말고 오직 앞서 설한 방법대로 빨리 헤아려야 한다.'라고 했다.

195. 그러면 얼마 동안이나 이것을 헤아려야 하는가? 헤아림이 없이도 들숨날숨이라는 그 대상에 마음챙김이 확립될 때까지이다. 왜냐하면 밖으로 흩어진 생각을 끊고 오직 들숨날숨이라는 그 대상에 마음챙김을 확립하기 위해 헤아림을 하기 때문이다.

196. [② **연결**(*anubandhanā*)]: 이와 같이 헤아림으로 마음에 잡도리한 뒤 **연결**로 마음에 잡도리해야 한다. **연결**이란

---

37) "마음을 안으로 가져간다고 하는 것은 안으로 들어가는 바람을 마음에 잡도리하는 것이다. 안으로 들어가는 바람을 마음에 많이 잡도리할 때 마치 그 부분이 바람에 의해 타격을 받는 것 같고 굳기름이 가득 차는 것처럼 나타난다.(Pm.223)"

38) 원문은 '*phuṭṭha-phuṭṭha-okāse satiṁ ṭhapetvā*(계속해서 닿는 부분에 마음챙김을 두고)'인데 들숨날숨에 마음챙기는 공부에서 가장 중요한 설명으로 남방 스님들이 많이 인용하는 구문이다.

헤아림을 내려놓은 뒤 마음챙김으로 끊임없이 들숨날숨을 쫓아감이다. 그러나 이것은 처음과 중간과 마지막을 따라감이 아니다.

197. 배꼽은 나가는 바람의 시작이고 심장은 중간이고 코끝은 마지막이다. 코끝은 들어오는 바람의 시작이고 심장은 중간이고 배꼽은 마지막이다. 그가 그 [호흡의 처음과 중간과 마지막]을 따라갈 때 그의 마음은 흩어지고 불편하고 동요한다. 그래서 말씀하셨다.

"들숨의 처음과 중간과 마지막을 마음챙김과 함께 따라갈 때 안으로 그의 마음이 흩어져 몸과 마음이 모두 불편하고 동요하고 떨린다. 날숨의 처음과 중간과 마지막을 마음챙김과 함께 따라갈 때 밖으로 그의 마음이 흩어져 몸과 마음이 모두 불편하고 동요하고 떨린다.(Ps.i.165)"

[③ **닿음**(phusanā), ④ **안주함**(ṭhapanā)]: 그러므로 연결로 마음에 잡도리할 때 처음과 중간과 마지막으로 마음에 잡도리해서는 안된다. 대신에 **닿음**과 **안주함**으로 마음에 잡도리해야 한다.

198. 연결과 다른 별개의 헤아림으로 마음에 잡도리하는 것이 아니듯이, 안주함과 다른 별개의 닿음으로 마음에 잡도

리하는 것이 아니다. 오직 숨이 닿는 곳에서(*phuṭṭha-phuṭṭha-tṭhāne*) 그들을 헤아리면서 헤아림과 닿음으로 그들을 마음에 잡도리한다. 그곳에 헤아림을 내려놓은 뒤 마음챙김으로 그들을 연결하고, 또 본삼매로 마음을 안주하면서 연결과 닿음과 안주함으로 그들을 마음에 잡도리한다고 말한다. 이 뜻은 주석서들에서 절뚝발이와 문지기의 비유로 설했고, 『무애해도』에서는 톱의 비유로 설했다고 알아야 한다.

199. 여기서 절뚝발이의 비유는 다음과 같다. 마치 절뚝발이가 그네를 타고 노는[39] 어머니와 아들의 그네를 밀어 움직이게 한 뒤 그네의 기둥 아래 앉아서 연속적으로 앞으로 왔다 뒤로 갔다하는 그네 밑신개의 양끝과 중간을[40] 본다. 그는 결코 양끝과 중간을 보기 위해 움직이지 않는다.

이와 같이 비구가 마음챙김과 함께 [들숨날숨과] 연결된 기둥 아래 [즉, 코끝에] 앉아서 들숨날숨의 그네를 밀어 움직이게 하고는 바로 그 [코끝 등의] 표상에 마음챙김과 함께 앉아서 연속적으로 들숨날숨이 오고 가면서 닿는 곳에 그들

---

39) "'*kīḷataṁ*'은 '*kīḷantānaṁ*(노는)'의 뜻이다.(Pm.225)"
그러므로 이 단어는 뒤의 '어머니와 아들(*mātā-puttānaṁ*)'을 수식하는 것으로 해석해야 한다.
40) "양끝이란 올 때의 앞의 끝과 갈 때의 뒤의 끝이고, 중간은 그네 밑신개의 중간이다.(Pm.225)"

의 처음과 중간과 마지막을 마음챙김과 함께 쫓아가면서 [닿는] 그곳에다 마음을 두면서 쳐다본다. 그들을 보기 위해 결코 [안팎으로] 움직이지 않는다. 이것이 절뚝발이의 비유이다.

200. 이제 문지기의 비유는 이와 같다. 문지기가 도시의 안과 밖에 사는 사람들을 상대로 [돌아다니면서] 일일이 '당신은 누구십니까? 어디서 왔습니까? 어디 갑니까? 당신의 손에 있는 것은 무엇입니까?'라고 조사하지 않는다. 왜냐하면 그 도시 안팎에 사는 사람들은 그 문지기의 소관이 아니기 때문이다. 그러나 문에 도착하는 사람들은 낱낱이 조사한다. 이와 같이 안으로 들어간 들숨과 밖으로 나간 날숨은 이 비구의 소관이 아니다. 그러나 문에 도착하는 것은 모두 관여한다. 이것이 문지기의 비유이다.

201. 톱의 비유는 마땅히 처음부터 알아야 한다. 이와 같이 설하셨기 때문이다.

> 표상과 들숨과 날숨은 한 마음의 대상이 아니다.
> 이 세 법을 알지 못하는 자는 수행을 얻지 못한다.
> 표상과 들숨과 날숨은 한 마음의 대상이 아니다.
> 이 세 법을 아는 자는 수행을 얻는다.

202. 어떻게 이 세 법들은 한 마음의 대상이 되지 못하는가? 어떻게 이 세 법들은 알려지지 않은 것이 아닌가? 왜 마음이 흩어지지 않고, 노력이 있고, 일을 성취하고, 또한 수승함을 얻는가?

예를 들어 편편한 땅위에 나무가 놓여있다 치자. 어떤 사람이 그 나무를 톱으로 자를 것이다. 나무에 닿는 톱니로써 그 사람의 마음챙김이 확립된다. 그는 다가오고 물러가는 톱니들을 마음에 잡도리하지 않는다. 그렇다고 해서 오고 간 톱니들이 알려지지 않은 것은 아니다. [이와 같이 하여] 그는 노력을 알고 일을 성취하고 또한 수승함을 얻는다.41)

연결하는 것의 표상은42) 편편한 땅위에 놓인 나무와 같고, 들숨날숨은 톱니와 같다. 나무에 닿는 톱니로써 그 사람의 마음챙김이 확립된다. 다가오고 물러가는 [다른] 톱니들을 마음에 잡도리하지 않는다. 그러나 오고 간 톱니들이 알려지지 않은 것은 아니다. 그에게는 노력이 있고 일을 성취하고 또한 수승함을 얻는다.

---

41) "노력이란 나무를 자르는데 쏟는 정진이고, 일이란 그것을 자르는 행위이고, 수승함이란 여러 토막으로 잘라서 성취해야 할 목적의 수승함이다.(Pm.227)"
42) "원문의 *upanibandhana*(연결하는 것)는 마음챙김을 뜻하고, *nimitta*(표상)란 코끝 혹은 윗입술을 뜻한다.(Pm.227)"

이와 같이 비구는 코끝43)이나 윗입술에 마음챙김을 확립하고 앉는다. 그는 들어왔거나 나간 들숨날숨을 마음에 잡도리하지 않는다. 그렇더라도 들어왔거나 나간 들숨날숨이 알려지지 않은 것은 아니다. 그에게는 노력이 있고 일을 성취하고 또한 수승함을 얻는다.

203. 무엇이 노력인가? 부지런히 정진하는 자의 몸과 마음이 [수행하는] 일에 대해 적합함이 노력이다. 무엇이 일인가? 부지런히 정진하는 자의 오염원인 [다섯 가지 장애가 억압으로써] 없어지고 [감각적 욕망에 대해 일으킨 생각 등의] 생각[尋, *vitakka*]이 가라앉는 것이 일이다. 무엇이 수승함인가? 부지런히 정진하는 자에게 [열 가지] 족쇄가 [도닦음을 통해 근절로써] 끊어지고 [일곱 가지] 잠재성향이 멸하는 것이 수승함이다.44)

---

43) '코끝'으로 옮긴 빠알리 원문은 '*nāsika-agga*'이다. 나시까악가를 코가 뾰족 튀어나온 콧마루라고 설명하는 경우가 대부분인데 원문을 통해서 보면 코(*nasika*)의 제일 윗부분(*agga*), 즉 코가 시작되는 제일 윗부분으로 이해해야 한다. 무엇보다도 이 부분에서 콧구멍은 기도와 연결되므로 들숨날숨에 집중하면 이 부분의 콧구멍 안쪽에서 들숨날숨의 닿는 느낌이 가장 강력함을 체험할 수 있다. 콧마루나 콧등에서는 들숨날숨에 기인한 닿는 느낌이 일어나지 않는다. 그러므로 코끝(*nāsika-agga*)은 콧날이 아니라 코가 시작되는 제일 윗부분을 뜻한다고 보는 것이 타당할 것이다.

이와 같이 이 세 가지 법들은 한 마음의 대상이 아니며, 이 세 가지 법들은 알려지지 않은 것이 아니고, 마음이 흩어지지 않고, 노력이 있고, 일을 성취하고, 또한 수승함을 얻는다.

> 들숨날숨에 대한 마음챙김을
> 부처님께서 설하신 대로
> 가득 채우고 잘 닦고 순서대로 증장시키면
> 그는 구름에서 나온 달처럼 이 세상을 비추리.

이것이 톱의 비유이다. 그러나 여기 [톱의 비유에서] 이미 들어왔거나 나가버린 숨을45) 마음에 잡도리하지 않음이 그 수행자의 목적이라고 알아야 한다.

204. 이 명상주제를 마음에 잡도리할 때 어떤 자에게 머지않아 [닮은] 표상이 나타난다. 그리고 [일으킨 생각 등] 나머지 禪의 구성요소로 장식된 본삼매라고 불리는 안주함

---

44) 여기 나타나는 오염원(*kilesa* 혹은 *upakkilesa*), 족쇄(*saṁyojana*), 잠재성향(*anusaya*) 등은 『길라잡이』 7장의 I 해로운 범주의 『길라잡이』를 참조할 것.
45) 원문에는 '*āgat-āgatavasena*(들어온 것으로써)'로 나타나는데 Pm에서는 '*āgata-gatavasena*(들어오고 나간 것으로써)'로 설명하고 있다.(Pm.227) 역자는 Pm을 따랐다.

(*thapanā*)도 성취한다.

205. 어떤 자는 헤아림을 통해 마음에 잡도리할 때부터 서서히 거친 들숨날숨이 멸하여 몸의 어지러움이 가라앉을 때 몸도 마음도 가벼워져서 마치 몸이 공중에 떠있는 것 같이 된다. 예를 들면, 몸이 불편한 사람이 의자나 침대에 앉을 때에는 의자나 침대가 휘고 삐걱거리는 소리도 나고 침대보에 구김살도 가지만, 편안한 자가 앉을 때는 의자나 침대가 휘지도 않고 삐걱거리는 소리도 나지 않고 침대보에 구김살도 지지 않아서 저울에 솜을 채운 것처럼 되는 것과 같다. 왜 그런가? 편안한 몸은 가볍기 때문이다.

206. 그의 거친 들숨날숨이 멸할 때 미세한 들숨날숨의 표상을 대상으로 마음이 일어난다. 그것마저 멸할 때 차례대로 그보다 더 미세한 표상을 대상으로 마음이 일어난다.

207. 어떻게? 예를 들면 사람이 큰 쇠막대기로 청동으로 된 징을 친다면 즉시에 큰 소리가 날 것이고, 그 거친 소리를 대상으로 마음이 일어날 것이다. 그 거친 소리가 멸할 때 그 다음에 희미한 소리의 표상을 대상으로 마음이 일어날 것이다. 그것마저 멸할 때 차례대로 그보다 더 희미한 소리의 표상을 대상으로 마음이 일어날 것이다. 이와 같이 알아

야 한다. 이것은 "마치 금속으로 만든 징을 두드렸을 때(Ps.i.185)"로 시작하는 문단에서 이미 상세하게 설했다.(§184)

208. 다른 명상주제들은 높은 단계에 이를수록 분명해진다. 그러나 이 들숨날숨은 그와 같지 않다. 이것은 수행이 깊어질수록 미세함에 이른다. 때로는 나타나지 않기도 한다.

이와 같이 들숨날숨이 나타나지 않는다고 해서 그 비구가 자리에서 일어나 가죽으로 된 돗자리를 털고 나가버리면 안된다. 어떻게 해야 하는가? '스승님께 여쭈어보리라.'라든지, '지금 나의 명상주제가 도망 가버렸다.'라고 생각하면서 일어서서는 안된다. 자세를 어지럽히면서 떠나갈 때 명상주제가 낯설어져버리기 때문이다. 그러므로 앉아있는 그 상태에서 [평소에 숨이 닿는 곳, 즉 코끝]의 장소로 [마음을] 가져가야 한다.46)

209. [마음을] 가져가는 방법은 다음과 같다. 그 비구가 명상주제가 나타나지 않은 상태를 알게 되면 이와 같이 깊이 숙고해야 한다. '이 들숨날숨은 어디에는 있고, 어디에는 없는가? 누구에게는 있고 누구에게는 없는가?' 이와 같이 깊

---

46) Pm에서는 '이전에 자기가 닿음으로써 주시하던 곳에(*pubbe attanā phusanavasena upadhāritaṭṭhānato*)'로 설명한다.(Pm.229)

이 숙고할 때 '이들은 모태 안에 있는 자에게 없고 물에 빠진 자들에게도 없다. 마찬가지로 인식이 없는 중생들과 죽은 자들과 제4선에 든 자들과 색계와 무색계의 존재에 태어난 자들과 멸진정에 든 자들에게도 없다.'고 안다.

그 후 다음과 같이 스스로 자신을 경책해야 한다. '지자여, 그대는 모태에 들어있는 것도 아니고 물에 빠진 것도 아니다. 그대는 인식이 없는 자도 아니고 죽은 것도 아니요, 또한 제4선에 든 것도 아니고, 색계와 무색계에 태어난 것도 아니고, 멸진정에 든 것도 아니다. 그대에게는 반드시 들숨날숨이 있다. 그대의 통찰지가 둔하기 때문에 파악을 못할 뿐이다.' 그때 그는 평소에 숨이 닿는 곳으로 마음을 안주하여 마음에 잡도리함을 일으켜야 한다.

210.
이 들숨과 날숨은 코가 큰 사람에게는 코끝을 치면서 생기고 코가 작은 사람에게는 윗입술을 치면서 생긴다. 그러므로 그는 '이곳에 이들이 닿는구나'라고 표상을 고정시켜야 한다. 이런 이유47) 때문에 세존께서는 다음과 같이 설하셨다. "비구들이여, 나는 마음챙김을 잊어버리고 알아차리지 못하는 자에게 이 들숨날숨에 마음챙기는 수행을 설하지 않는다.(S.v.337)"라고.

---

47) 원문의 *atthavasa*는 원인, 이유의 뜻이다(Pm.229).

211. 명상주제는 그 어떤 것이라도 마음챙기고 알아차리는 자에게만 성취된다. 이 들숨날숨의 명상주제 이외의 다른 것은 그것을 마음에 잡도리할 때 그에게 분명해진다. 그러나 이 들숨날숨의 명상주제는 [그렇지 않기 때문에] 중대하고 수행하기 어렵다. 이것은 부처님과 벽지불과 부처님의 직계제자들48)과 대장부(*mahāpurisa*)들이 마음에 잡도리할 영역이다. 이것은 결코 쉬운 일이 아니다. 평범한 중생은 이것을 닦을 수 없다. 마음에 잡도리하면 할수록 그에 비례하여 더 고요해지고 더 미세해진다. 그러므로 여기선 강한 마음챙김과 통찰지가 요구된다.

212. 마치 얇은 헝겊 조각을 기울 때 바늘도 가는 것이 필요하고 바늘귀를 뚫는 기구는 더 가늘어야 하는 것과 같다. 이와 같이 얇은 헝겊 조각과 같은 이 명상주제를 닦을 때에 바늘과 같은 마음챙김과 바늘귀를 뚫는 기구와 같은 마음챙김과 함께 한 통찰지도 강한 것이 필요하다. 이런 마음챙김과 통찰지를 구족한 비구는 그 들숨날숨을 평소에 닿는 부분(*pakati-phuṭṭha-okāsa*)이 아닌 다른 곳에서 찾아서는 안 된다.

---

48) 원어는 '*buddhaputtā*'로 부처님의 아들들이란 뜻이다.

213. 예를 들면, 농부가 밭을 갈고 난 뒤 황소들을 풀어주어 풀을 뜯어먹게 하고 그늘에 앉아서 쉴 것이다. 그때 그의 황소들은 재빠르게 숲 속으로 들어갈 것이다. 다시 그들을 몰고 와서 멍에를 메우고자할 때 그 영리한 농부는 그들의 발자취를 쫓아 숲 속을 헤매지 않는다. 그는 밧줄과 막대기를 들고서 그들이 모이는 물 마시는 곳으로 곧장 가서 앉아있거나 누워있을 것이다. 그때 그 소들이 낮의 얼마동안 풀을 먹은 뒤 그들이 모이는 개울가로 내려와서 목욕하고 마시고 다시 올라와서 서있을 때 그들을 보고 줄로 묶어 막대기로 찌르면서 몰고 와서 멍에를 메어 다시 일을 할 것이다.

그와 같이 비구는 이 들숨날숨을 평소에 닿는 부분이 아닌 다른 곳에서 찾아서는 안된다. 마음챙김의 밧줄과 통찰지의 막대기를 가지고 평소에 닿는 곳에 마음을 안주하여 마음에 잡도리함을 일으켜야 한다. 이와 같이 그가 마음에 잡도리할 때 머지않아 그들이 다시 나타난다. 마치 그들이 모이는 물 마시는 곳에 황소들이 나타나는 것처럼. 그 다음에 마음챙김의 밧줄로 묶어 바로 그 장소에 그들을 매어 통찰지의 막대기로 찌르면서 거듭거듭 명상주제에 전념해야 한다.

214. 그가 이와 같이 전념할 때 머지않아 표상이 나타난다. 그러나 이것은 모든 사람에게 동일하진 않다. 어떤 자에게는 가벼운 감촉을 일으키면서 솜처럼 비단처럼 산들바람처럼 나타난다고 어떤 자들은 말한다.[49]

215. 그러나 주석서에서는 다음과 같이 판별한다. 이것은 어떤 자에게는 별빛처럼 마니주처럼 진주처럼 나타나고, 어떤 자에게는 거친 촉감을 가진 목화씨와 거친 촉감을 가진 심재로 만든 못처럼 나타나고, 어떤 자에게는 긴 허리끈처럼 화환처럼 한모금의 연기처럼 나타나고, 어떤 자에게는 펴진 거미줄처럼 구름의 장막처럼 연꽃처럼 수레바퀴처럼 월륜처럼 일륜처럼 나타난다.

216. 예를 들면, 많은 비구들이 경전을 외우면서 앉아있을 때 한 비구가 '그대에게 이 경전이 마치 무엇처럼 나타나는가'라고 물으면, 어떤 사람은 '산에서 내려오는 큰 급류처럼 나타난다.'고 말한다. 다른 사람은 '일련의 숲처럼 나타난다.'고 하고, 또 다른 사람은 '시원한 그늘을 주는 가지들이

---

49) "표상(*nimitta*)은 익힌 표상과 닮은 표상이다. 둘 모두 한꺼번에 언급했다. 비단 등의 세 비유는 익힌 표상에 적용되고 나머지는 둘 모두에 적용된다. 어떤 자는 어떤 스승들이다.(Pm.231)"

무성하고 과일이 열린 나무처럼 나타난다.'고 말한다. 그들의 인식(*sañña*)이 다르기 때문에 하나의 경전이지만 각자 다르게 나타난다.

이와 같이 인식이 다르기 때문에50) 하나의 명상주제이지만 다르게 나타난다. 이것은 인식에서 생겼고 인식이 그 근원이고 인식이 그 원천이다. 그러므로 인식이 다르기 때문에 다르게 나타난다고 알아야 한다.

217.
여기서 들숨을 대상으로 한 마음이 다르고, 날숨을 대상으로 한 마음도 다르고, 표상을 대상으로 한 마음도 다르다. 이 세 가지 법이 없는 자는 그의 명상주제가 본삼매는 커녕 근접삼매에도 이르지 못한다. 이 세 가지 법이 있는 자는 그의 명상주제가 근접삼매에도 이르고 본삼매에도 이른다. 왜냐하면 다음과 같이 설하셨기 때문이다.

> 표상과 들숨과 날숨은 한 마음의 대상이 아니다.
> 이 세 법을 알지 못하는 자 수행을 얻지 못한다.
> 표상과 들숨과 날숨은 한 마음의 대상이 아니다.
> 이 세 법을 아는 자 수행을 얻는다.

---

50) "'인식이 다르기 때문에'라는 것은 '표상이 일어나기 전에 일어났던 인식이 다르기 때문에'라는 뜻이다.(Pm.231)"

218. 이와 같이 [닮은] 표상이 나타나면 비구는 스승께 다가가서 말씀드려야 한다. '존경하는 스승님, 제게 이런 형태의 [표상이] 나타났습니다.' 그러나 스승은 '그것은 표상이다.'라거나 '그것은 표상이 아니다.'라고 말해서는 안된다. '여보게, 그와 같이 일어나는 것이네'라고 말하고는 '반복해서 마음에 잡도리하게'라고 말해야 한다. '표상이다.'라고 말할 때 [만족하여] 중지해버릴지도 모른다. '표상이 아니다.'라고 말할 때 낙담하여 포기해버릴지도 모른다. 그러므로 그 어느 것도 이야기하지 말고 마음에 잡도리함을 유지하도록 격려를 해줘야 한다. 이와 같이 『장부』를 외우는 자들은 말한다.

그러나 『중부』를 외우는 자들은 이렇게 말한다. '여보게, 그것은 표상이라네. 선남자여, 명상주제를 반복해서 마음에 잡도리하게.'

219. 그때 그는 오직 표상에 마음을 안주해야 한다. 이와 같이 이 [닮은 표상이 나타난] 이후부터 그는 안주함을 통해 닦는다. 왜냐하면 이와 같이 옛 스승들이 말씀하셨기 때문이다.

[닮은] 표상에 마음을 안주하고

갖가지 형태를 여의면서51)

지자는 들숨날숨에 자기 마음을 묶는다.

220. 이와 같이 그에게 표상이 나타나자마자 장애들이 억압되고 오염원들은 가라앉고 마음챙김은 확립되고 마음은 근접삼매에 든다.

221. 그때 [나타난] 색깔로 그 표상을 마음에 잡도리해서는 안된다. 특징으로52) 반조해서도 안된다. 부적합한 거처 등 일곱 가지 부적합함을 피하고 일곱 가지 적합한 것을 수용하면서 끄샤뜨리야의 황후가 전륜왕이 될 태아를 보호하듯 농부가 익은 농작물을 보호하듯 그것을 잘 보호해야 한다. 이와 같이 이것을 보호하고 거듭거듭 마음에 잡도리함을 통해 증장과 향상에 이르게 하여 열 가지 본삼매에 드는 능숙함을 성취해야 하고(IV. §42), [삼매와 더불어] 정진을 고르게 유지해야 한다(IV. §66).

---

51) "원문의 '여의면서(vibhāvayaṁ)'는 '사라지게 하면서(vibhāvento antaradhāpento)'의 뜻이다. 닮은 표상이 나타난 이후부터 그 형태들을 마음에 잡도리하지 않을 때 마치 사라진 것 같다.(Pm.232)"
52) "거친 상태 등 고유성질로써 혹은 무상 등의 특징으로써 통찰해서는 안된다는 말이다.(Pm.232)" 이런 특징을 통찰하게 되면 위빳사나가 되어서 본삼매가 깨어지기 때문이다.

222. 이와 같이 노력할 때 땅의 까시나에서 설한 방법대로 바로 그 표상에서 사종선(四種禪)과 오종선(五種禪)을 얻는다.

[⑤ 주시(sallakkhaṇā) **⑥ 환멸**(還滅, vivaṭṭanā) **⑦ 두루 청정함**(pārisuddhi) **⑧ 그들을 되돌아봄**(paṭipassanā)**]**: 그러나 여기 [몸을 관찰함에서] 이와 같이 4종선과 5종선을 얻은 비구가 **주시**와 **환멸**로 명상주제를 증장하여 청정에 이르기를 원하면 다섯 가지 자유자재를 얻음으로써 바로 그 禪을(IV. §131) 능숙하게 한 다음 정신과 물질을 구분하면서 위빳사나를 시작해야 한다.

223. 어떻게? 증득[等至 = 본삼매]으로부터 출정하여 들숨과 날숨은 물질로 된(karaja) 몸과 마음이 그 원인이라고 본다. 풀무를 불 때 풀무와 사람의 적절한 노력으로 인해 바람이 움직인다. 이와 같이 몸과 마음을 조건으로 들숨날숨이 있다고 본다.53)

그 다음에 들숨날숨과 몸은 물질[色]이고 마음과 또 마음과

---

53) "몸은 풀무를 부는 것과 같고, 마음은 노력과 같다고 보아야 한다. 비록 들숨날숨이 마음에서 생겼지만 몸이 없이는 일어나지 않기 때문에 몸과 마음을 조건으로 들숨날숨이 있다고 했다.(Pm.233)"

함께 한 법들은 정신(名)이라고 구분한다. 이것은 여기서는 간략히 설한 것이다. 그러나 정신과 물질에 대한 구분은 뒤에서 상세하게 설명될 것이다.(XVIII. §3이하)

224. 이와 같이 정신과 물질을 구분하고 그 정신과 물질의 조건을 찾는다. 찾은 결과 그 조건을 보고 삼세에서 정신과 물질의 일어남에 대한 의심을 극복한다.(XIX)

의심을 극복한 그는 깔라빠54)로 그들을 명상함을 통해 (XX. §2 이하) 세 가지 특상을 제기하고, 일어나고 사라짐에 대한 관찰의 예비단계에서 일어난 광명 등 열 가지 위빳사나의 경계(*upakilesa*, 오염)를 버린 뒤(XX. §105 이하) 이런 경계에서 벗어난 도닦음의 지혜가 도라고 구분한다.(XX. §126 이하) 그 후 일어남을 버리고 무너짐(*bhaṅga*)을 관찰하는 것에 이른다.

계속해서 무너짐을 관찰함으로써 상카라(行)들이 공포로 나타날 때 그 상카라들을 역겨워하고(XXI), 그들에 대한 탐욕이 빛바래고, 그들로부터 해탈한다.(XXII)

서서히 네 가지 성스러운 도에 이르러 아라한과에 서서, 열아홉 가지 반조하는 지혜55)를 마지막으로 얻어(XXII.

---

54) 깔라빠(*kalāpa*)에 대해서는 XI. §2의 주해와 『길라잡이』 6장 §7의 10번 해설을 참조할 것.
55) XXII. §§19-21참조할 것. 반조는 도(*magga*), 과(*phala*) 열반(*nibbāna*) 버린 오염원(*pahīna-kilesasa*) 남아있는 오염원(*avasiṭṭha-kilesa*)의

§§18-21) 신들을 포함한 세상으로부터 최상의 보시를 받을만한 자가 된다.

225. 이렇게 하여 **헤아림**이 그 시작이고 **되돌아봄**56)이 마지막인 들숨날숨에 마음챙김을 통한 삼매수행이 완성되었다. 이것이 첫 번째의 네 개조를 모든 측면에서 주석한 것이다.

226. 나머지 세 가지 네 개조의 경우 별도로 명상주제를 수행하는 방법이 없다. 그러므로 단어를 하나씩 설명하는 것에 따라 그들의 뜻을 알아야 한다.

두 번째 네 개조를 수행하는 방법

(5) **희열을 경험하면서:** 희열을 체득하면서, 분명하게 하

다섯에 대해서 일어난다. 그러므로 예류자부터 아라한까지 모두 4×5=20가지의 반조가 되겠지만 아라한에게는 남아있는 오염원이란 존재하지 않으므로 남아있는 오염원에 대한 반조는 일어나지 않는다. 그래서 모두 19가지 반조가 일어난다.(Pm.233). XXII. §§19-21을 참조할 것.

56) HOS 본에는 '*paṭipassana-pariyosānā*(되돌아봄이 마지막인)'으로 나타나고 미얀마 6차결집본에는 '*vipassanā-pariyosānā*(위빳사나가 마지막인)'로 나타난다. HOS본이 문맥상 더 타당하기 때문에 이를 따라 옮겼다.

면서, 내 쉬리라 들이쉬리라고 공부짓는다. 두 가지 방법을 통해서 희열을 경험한다. 그것은 대상을 통해서와 미혹하지 않음을 통해서이다.

227. 어떻게 대상을 통해서 희열을 경험하는가? 그는 희열이 있는 두 禪 [즉, 초선과 제2선]에 든다. 그가[57] 그것에 드는 순간에 禪을 얻음으로써 대상을 경험했기 때문에 대상을 통해서 희열을 경험한다.

어떻게 미혹하지 않음을 통해서 희열을 경험하는가? 희열이 있는 두 禪에 들었다가 출정하여 禪과 함께 한 희열을 파괴되기 마련이고 사라지기 마련이라고 명상한다. 그가 위빳사나를 하는 순간에 특상을 경험하기 때문에 잊어버리지 않음을 통해서 희열을 경험한다.

228. 『무애해도』에서 이와 같이 설하셨기 때문이다.
"긴 들숨을 통해 마음이 하나됨과 흩어지지 않음을 알 때 마음챙김이 확립된다. 그런 마음챙김과 그런 지혜로 인해 희열을 경험한다. 긴 날숨을 통해 … 짧은 들숨을 통해 … 짧은 날숨을 통해 … 온 몸을 경험하면서 들숨과 날숨을 통해 … 몸의 작용[身行]을 편안히 하면서 들숨과 날숨을 통해 마

---

[57] "원문의 'tassa(그의)'는 'tena(그에 의해서)'의 뜻이다.(Pm.234)"

음이 하나됨과 흩어지지 않음을 알 때 마음챙김이 확립된다. 그런 마음챙김과 그런 지혜로 인해 희열을 경험한다.

전향할 때 그는 희열을 경험한다. 알 때, 볼 때, 반조할 때, 마음을 결정할 때, 믿음으로 결심할 때, 정진을 쏟을 때, 마음챙김을 확립할 때, 마음을 집중할 때, 통찰지로 꿰뚫어 알 때, 완전히 알아야 할 것(abhiññeyya)을 완전히 알 때, 철저히 알아야 할 것(pariññeyya)을 철저히 알 때, 버려야 할 것을 버릴 때, 닦아야 할 것을 닦을 때, 실현해야 할 것을 실현할 때 희열을 경험한다.58) 이와 같이 희열을 경험한다.(Ps.i.187)"

229. (6)-(8) 나머지의 구문 [즉 행복을 경험하면서, 마음의 작용을 경험하면서]도 이와 같은 방법으로 그 뜻을 알아야 한다. 그러나 다른 점은 이와 같다. 세 禪들로 행복을 경험하고 네 禪들로 마음의 작용을 경험한다고 알아야 한다. 마음의 작용은 두 가지 무더기인 느낌의 무더기[受蘊]와 인식

---

58) "원문의 abhiññeyya는 출중한 통찰지로 알아야 하는 것이고 abhijānato는 위빳사나의 통찰지가 선행하는 도의 통찰지로 안다는 뜻이다. pariññeyya(통달해서 철저히 알아야 할 것)란 고제를 뜻하는데 조사의 통달지(tīraṇa-pariññā, XX. §§2-5 참조)와 도의 통찰지로 안다. pahātabba(버려야 할 것)는 집제를 뜻하는데 버림의 통달지(pahāna-pariññā, XX. §§2-5 참조)와 도의 통찰지로 버린다. bhāvetabba(닦아야 할 것)는 도제를 뜻하고, sacchikātabb(실현해야 할 것)는 멸제를 뜻한다(Pm.234.)."

의 무더기[想蘊]이다. **행복을 경험하면서**라는 구문에 대해서는 위빳사나의 영역을 보여주기 위해서 "행복은 두 가지 행복이다. 즉 육체적인 행복과 정신적인 행복이다.(Ps.i.188)"라고 『무애해도』에서 설하셨다.59) **마음의 작용[心行]을 편안히 하면서:** 거친 마음의 작용을 편안히 하면서, 소멸하면서라는 뜻이다. 이것은 몸의 작용[身行]에서 설한 방법대로 상세하게 알아야 한다(§§176-185).

230. 그리고 희열의 구문에서 느낌은 상카라(行)들에 속하는 희열의 제목 아래 언급되었고,60) 행복의 구문에서 느낌은 자기의 속성으로 언급되었다. 마음의 작용의 두 구문에서 "인식과 느낌은 마음부수 법들이고, 이들은 마음과 연결되어 있는 마음의 작용이다.(Ps.i.188)"라는 말씀이 있기 때문에 '느낌은 인식과 함께 한다.'라고 이처럼 느낌을 관찰하는 방법으로 이 네 개조를 설했다고 알아야 한다.

세 번째 네 개조를 수행하는 방법

231. (9) 세 번째의 네 개조에서는 네 가지 禪들로 마음을

---

59) "왜냐하면 사마타에서는 육체적인 행복이 없기 때문이다.(Pm.234)"
60) "희열을 언급함으로써 그것과 함께 한 느낌을 설했다.(Pm.234)"

경험하는 것을 알아야 한다.

(10) **마음을 기쁘게 하면서:** 마음을 반갑게 하면서, 기쁘게 만들면서, 활기차게 하면서, 유쾌하게 하면서 내쉬리라 들이쉬리라고 공부짓는다. 여기서는 삼매와 위빳사나의 두 가지 방법으로 기쁘게 한다.

어떻게 삼매를 통해 기쁘게 하는가? 희열이 있는 두 禪에 든다. 그 증득의 순간에 그 禪과 함께 한 희열로 마음을 반갑게 하고 기쁘게 한다. 어떻게 위빳사나를 통해 기쁘게 하는가? 희열이 있는 두 禪에 들었다가 출정하여 禪과 함께 한 희열을 파괴되기 마련이고 사그라지기 마련이라고 명상한다. 이와 같이 위빳사나를 하는 순간에 禪과 함께 한 희열을 대상으로 삼아 마음을 반갑게 하고 기쁘게 한다. 이와 같이 도닦는 자를 두고 '마음을 기쁘게 하면서 들이쉬리라 내쉬리라고 공부짓는다.'고 말한다.

232. (11) **마음을 집중하면서:** 초선 등으로 대상에 마음을 고르게 놓는다, 고르게 둔다. 혹은 그 禪에 들었다가 출정하여 禪과 함께 한 마음을 파괴되기 마련이고 사그라지기 마련이라고 명상할 때 그 위빳사나를 하는 순간에 특상을 통찰하는 것을 통해 순간적인 마음의 하나됨(*khaṇikacittekaggatā*, 刹那心一境 = 刹那三昧)61)이 그에게 일어난다. 이와 같이 일어난

순간적인 마음의 하나됨을 통해 대상에 마음을 고르게 놓고, 고르게 두는 자를 두고 '마음을 집중하면서 들이쉬리라 내쉬리라고 공부짓는다.'라고 말한다.

233.
(12) **마음을 해탈케 하면서:** 초선을 통해 장애들로부터 마음을 벗어나게 하고 해탈케 하면서, 제2선을 통해 일으킨 생각[尋]과 지속적인 고찰[伺]로부터, 제3선을 통해 희열로부터, 제4선을 통해 행복과 고통으로부터 마음을 벗어나게 하고 해탈케 하면서 들이쉬고 내쉰다.

혹은 그가 그 禪에 들었다가 출정하여 禪과 함께 한 마음은 파괴되기 마련이고 사그라지기 마련이라고 명상한다. 그가 위빳사나를 하는 순간에 무상의 관찰로 영원하다는 인식으로부터 마음을 벗어나게 하고 해탈케 하면서 들이쉬고 내쉰다. 괴로움의 관찰로 행복하다는 인식으로부터, 무아의 관찰로 자아라는 인식으로부터, 역겨움의 관찰로 즐김으로부터, 탐욕이 빛바램의 관찰로 탐욕으로부터, 소멸의 관찰로 일어남으로부터, 놓아버림의 관찰로 가짐으로부터 마음을

---

61) "'순간적인 마음의 하나됨'이란 한 순간만 지속되는 삼매이다. 왜냐하면 그것도 대상에 간단없이 하나의 형태로 일어나면서 반대되는 법에 의해 억압되지 않고 마치 본삼매에 든 것처럼 마음을 흔들림 없이 고정시키기 때문이다.(Pm.235)"

벗어나게 하고 해탈케 하면서 들이쉬고 내쉰다. 그러므로 '마음을 해탈케 하면서 들이쉬고 내쉬리라라고 공부짓는다.' 고 말한다.

이와 같이 마음의 관찰로 이 네 개조를 설했다고 알아야 한다.

네 번째 네 개조를 수행하는 법

234. ⒀ 그러나 네 번째의 네 개조에서 **무상을 관찰하면서**라고 한 구절에서 우선 무상한 것을 알아야 하고, 무상한 성질을 알아야 하고, 무상의 관찰을 알아야 하고, 무상을 관찰하는 자를 알아야 한다.

여기서 무상한 것이란 다섯 가지 무더기[五蘊]이다. 왜 그런가? 그들은 일어나고 멸하고 변하는 성질을 가졌기 때문이다. 무상한 성질이란 그들에게 존재하는 일어나고 멸하고 변하는 성질이다. 혹은 생겼다가 없어지는 것이다. 생긴 무더기[蘊]가 그 본래의 모습으로 머물지 않고 순간적인 부서짐을 통해 부서진다는 뜻이다. 무상의 관찰이란 그 무상함으로 물질 등에 대해 무상하다고 관찰하는 것이다. 무상을 관찰하는 자란 그 관찰을 하는 자이다. 그러므로 이런 무상을 관찰하는 자가 들이쉬고 내쉴 때 '무상을 관찰하면서 들이쉬리라 내쉬리라고 공부짓는다.'고 말한다고 알아야 한다.

235. ⑭ **탐욕이 빛바램을 관찰하면서:** 여기 탐욕의 빛바램은 두 가지이다. 파괴로서의 탐욕의 빛바램과 절대적인 탐욕의 빛바램이다.62) 여기서 파괴로서의 탐욕의 빛바램이란 상카라(行)들이 순간적으로 무너지는 것이다. 절대적인 탐욕의 빛바램이란 열반이다. 탐욕이 빛바램을 관찰함이란 이 둘의 관찰로 일어나는63) 위빳사나와 도다. 이 두 가지 관찰을 갖추어 들이쉬고 내쉴 때 '탐욕이 빛바램을 관찰하면서 들이쉬리라 내쉬리라고 공부짓는다.'고 말한다고 알아야 한다.

⑮ **소멸을 관찰하면서**라는 구절에도 이 방법이 적용된다.

236. ⑯ **놓아버림을 관찰하면서:** 여기서도 놓아버림은 두 가지이다. 버림으로서의 놓아버림과 들어감으로서의 놓아버림이다. 놓아버림의 관찰이란 놓아버림 그 자체가 관찰이다. 이것은 위빳사나와 도의 동의어이다.

---

62) "위빳사나의 순간에 탐욕의 빛바램(*virāga*)은 파괴로서의 탐욕의 빛바램(*khayavirāga*)이고, 도의 순간에 탐욕의 빛바램(*virāga*)은 절대적인 탐욕의 빛바램(*accantavirāga*)이다.(Pm.236)"
63) "즉 파괴로서의 탐욕의 빛바램을 관찰함으로써 위빳사나가 일어나고, 절대적인 탐욕의 빛바램을 관찰함으로써 도가 일어난다.(Pm.236)"

왜냐하면 ① 위빳사나는 ㉠ 반대되는 것으로 대체하여 [과보로 나타난] 무더기들과, 업형성력(abhisaṅkhāra)들과 함께 오염원들을 버리기 때문에64) ㉡ 형성된 것에 대해 [무상 등의] 결점을 보고 그 [형성된 것의] 반대인 열반으로 기울어짐으로써 열반에 들어가기 때문에 각각 버림으로서의 놓아버림과 들어감으로서의 놓아버림이라 한다.

② 도는 ㉠ 근절로써 무더기를 생기게 하는 업형성력들과 함께 오염원들을 버리기 때문에 ㉡ 열반을 대상으로 삼음으로써 열반에 들어가기 때문에 각각 버림으로서의 놓아버림과 들어감으로서의 놓아버림이라 한다.

이 두 [위빳사나의 지혜와 도의 지혜]는 각각 이전의 지혜를 계속해서 따라 보기 때문에 관찰[隨觀]이라 한다.65) 이 두

---

64) 냐나몰리 스님은 이 부분을 '*since it gives up defilements <u>with their aggregate-producing kamma-formations</u> by cutting them off*'라고 영역했는데 원문의 *khandhābhisaṅkhārehi*라는 합성어를 잘못 해석했기 때문이다. 이것은 병렬합성어이다. 해서 과보로 나타난 무더기들과 업형성력들로 옮겨야 한다. Pm에서도 이와 같이 설명하고 있다. "무상을 관찰함은 반대되는 것으로 대체함으로써 영원하다는 인식을 버린다. 그것을 영원한 것이라고 움켜쥠으로써 오염원과, 그것에 뿌리한 업형성력과, 그 두 가지에 뿌리한 과보의 무더기들이 미래에 일어날지도 모른다. 그 모든 것을 일어나지 않게 버린다.(Pm.236)"
65) "도의 지혜도 바로 그 이전의 지혜인 종성(*gotrabhu*)의 지혜를 따라 (*anu*) 열반을 보기(*passana*) 때문에 관찰(隨觀, *anupassanā*)이라 한

가지 놓아버림의 관찰을 구족한 채 내쉬고 들이쉴 때 '놓아버림을 관찰하면서 들이쉬리라 내쉬리라고 공부짓는다.'고 말한다고 알아야 한다.

237. 이 네 번째의 네 개조는 순수한 위빳사나[純觀, *suddha-vipassanā*]로써 설했다. 그러나 이전의 세 가지 네 개조는 사마타와 위빳사나로써 설했다. 이와 같이 네 가지 네 개조로 열여섯 가지의 토대와 함께 들숨날숨에 마음챙기는 수행을 알아야 한다.

결 론

이와 같은 열여섯 가지 토대를 가진 이 들숨날숨에 대한 마음챙김은 큰 결실이 있고 큰 이익이 있다.

238. ① "비구들이여, 참으로 이 들숨날숨에 마음챙김을 통한 삼매를 닦고 많이 [공부]지으면 전적으로 고요하고 수승하고 … (S.v.321)"등의 말씀이 있기 때문에(§145) 고요한 상태 등도 이 수행의 큰 이익이라고 알아야 한다.

다.(Pm.236)" 종성(고뜨라부)에 대해서는 『길라잡이』 4장 §14의 3번 해설을 참조하고 종성의 지혜는 XXII. §1이하를 참조할 것.

② 또 일으킨 생각[尋, *vitakka*]을 끊어버릴 수 있는 능력도 큰 이익이라고 알아야 한다. 일으킨 생각은 삼매를 방해하는데 이것은 그 일으킨 생각 때문에 마음이 이곳저곳으로 달아남을 끊어버리고 마음을 오직 들숨날숨이라는 대상으로 향하게 한다. 왜냐하면 이것은 전적으로 고요하고 수승하고 순수하고 행복한 삶이기 때문이다. 그래서 설하셨다. "일으킨 생각을 끊기 위해 들숨날숨에 대한 마음챙김을 닦아야 한다.(A.iv.353)"

239. ③ 영지[明, *vijjā*]와 해탈을[66] 성취하는 근본 원인이 됨도 이것의 큰 이익이라고 알아야 한다. 세존께서 이와 같이 설하셨기 때문이다. "비구들이여, 들숨날숨에 대한 마음챙김을 닦고 많이 [공부]지으면 네 가지 마음챙김의 확립[四念處]을 완성하고, 네 가지 마음챙김의 확립을 닦고 많이 [공부]지으면 일곱 가지 깨달음의 구성요소[七覺支]를 완성하고, 일곱 가지 깨달음의 구성요소를 닦고 많이 [공부]지으면 영지와 해탈을 성취한다.(M.iii.82)"

240. ④ 더욱이 [임종시의] 마지막 들숨날숨을 아는 것도 이것의 큰 이익이라고 알아야 한다. 세존께서 이와 같이 설

---

66) "영지는 도를, 해탈은 과를 뜻한다(Pm.237)."

하셨기 때문이다. "라훌라야, 이와 같이 들숨과 날숨에 대한 마음챙김을 닦고 이와 같이 많이 [공부]지으면 마지막 들숨과 날숨이 소멸할 때에도 [멸한다고] 안다. 그것을 모른 채 멸하지 않는다.(M.i.425-26)"

241. 소멸에 따라 세 가지 마지막 들숨날숨이 있다. 즉 ① 존재에서의 마지막과 ② 禪에서의 마지막과 ③ 죽음에 의한 마지막이다.

존재 가운데서 욕계의 존재에서만 들숨날숨이 일어난다. 색계와 무색계에서는 일어나지 않는다. 그러므로 그들은 존재에서의 마지막이다. 禪가운데서 첫 번째 세 가지 禪에서는 일어난다. 제4선에서는 일어나지 않는다. 그러므로 그들은 禪에서의 마지막이다. 죽음의 마음(死心, cuti-citta) 이전의 16번째 마음67)과 함께 일어나 죽음의 마음과 함께 사라지는 것이 죽음의 마지막 들숨날숨이다. 이 [죽음의] 마지막 들숨날숨이 여기서 뜻하는 마지막이다.

242. 이 명상주제에 전념하는 비구가 죽음의 마음 이전의 열여섯 번째 마음이 일어나는 순간에 일어남(生)으로 전

---

67) 물질이 일어나서 머무는 동안 마음은 16번 일어난다. 그러므로 16번째 마음이라고 하는 것이다. XX. §24와 그 주해를 참조할 것.

향할 때 그에게 그들의 일어남이 분명해지고, 머묾[住]으로 전향할 때 그들의 머묾도 분명해지고, 무너짐[滅]으로 전향할 때 그들의 무너짐도 분명해진다. 왜냐하면 그 대상인 들숨날숨을 잘 파악했기 때문이다.

243. 들숨날숨이 아닌 다른 명상주제를 닦아서 아라한과를 얻은 비구는 그의 수명의 기간을 정확히 재기도 하고 못하기도 한다. 그러나 이 열여섯 가지 토대와 함께 들숨날숨을 닦아서 아라한이 된 자는 그의 수명의 기간을 반드시 정확하게 잰다. 그는 '이제 이만큼 나의 수명이 유지될 것이다. 이 이상 유지되지는 않을 것이다.'라고 알고 자연스럽게 몸을 돌보고 가사를 수하는 등 모든 일을 마치고 눈을 감는다.

꼬따 산(Koṭapabbata)의 사원에 머물던 띳사 장로와, 마하까란지야(Mahā-Karañjiya) 사원에 머물던 마하 띳사 장로와, 데와뿟따(Devaputta)의 큰 왕국에서 탁발승이던 띳사 장로와, 찟딸라 산(Cittala-pabbata)의 사원에 머물던 두 형제 장로처럼.

244. 다음 일화가 그 보기가 된다. 두 형제 장로 중의 한 분이 보름의 포살일에 계본을 외우고 비구 상가에 의해 둘러싸여 자기가 사는 곳으로 갔다. 경행처에 서서 달빛을 보다가 자기의 수명을 재고서 비구승가에게 말했다. '지금까지

그대들은 어떤 방법으로 비구들이 열반하는 것을 보았는가?' 어떤 자들이 말씀드렸다. '저희들은 지금까지 자리에 앉아서 열반하는 것을 보았습니다.' 다른 자들은 '저희들은 공중에서 가부좌를 한 채 앉아서 열반하는 것을 보았습니다.'라고 했다. 장로께서 말씀하셨다. '나는 이제 경행하다 열반하는 것을 보여주리라.' 그때 장로는 경행처에 선을 긋고는 '내가 경행처의 이쪽 끝에서 저쪽 끝에 이르러 되돌아오다가 이 선에 이를 때 열반하리라.' 그는 경행처에 올라 저쪽 끝에 이른 뒤 돌아오면서 한 발이 선에 이르는 순간에 열반하셨다.

> 그러므로 현자는 이와 같이 여러 이익을 가진
> 들숨날숨에 대한 마음챙김을
> 항상 부지런히 닦아야 한다.

이것이 들숨날숨에 대한 마음챙김의 상세한 설명이다.

〈부 록〉

몸에 마음챙기는 경
念身經
Kāyagatāsati Sutta(M119)

1. 이와 같이 나는 들었다. 한때 세존께서는 사와티에 있는 제따 숲의 아나타삔디까 승원에 계셨다.

2. 어느 때 많은 비구들이 공양을 마치고 탁발에서 돌아와 강당에 모여 앉아서 이런 이야기들을 하고 있었다.

"참으로 경이롭습니다, 도반들이여. 참으로 놀랍습니다, 도반들이여. 아시는 분, 보시는 분, 아라한, 정등각자(正等覺者), 세존께서 말씀하신 '몸에 대한 마음챙김'은 이를 닦고 거듭거듭 행하면 실로 큰 결실과 큰 이익이 있습니다."

그러나 비구들의 이야기는 여기서 중단되었다. 세존께서

저녁 무렵 [낮 동안의] 홀로 앉으심을 풀고 자리에서 일어나셔서 강당으로 오셨기 때문이다. 오셔서는 마련해드린 자리에 앉으셨다. 자리에 앉으셔서 세존께서는 비구들을 불러 말씀하셨다.

"비구들이여, 무슨 이야기를 하기 위해 지금 이곳에 모였는가. 그리고 그대들이 하다 만 이야기는 무엇인가?"

"세존이시여, 저희들은 공양을 마치고 탁발에서 돌아와 여기 강당에 모여 앉아 이런 이야기들을 하고 있었습니다. '참으로 경이롭습니다, 도반들이여. 참으로 놀랍습니다, 도반들이여. 아시는 분, 보시는 분, 아라한, 정등각자, 세존께서 말씀하신 몸에 대한 마음챙김은 이를 닦고 거듭거듭 행하면 실로 큰 결실과 큰 이익이 있습니다.'라고. 세존이시여, 저희들이 이런 이야기를 하고 있을 때 세존께서 오셨습니다."

3. "비구들이여, 몸에 대한 마음챙김을 어떻게 닦고 어떻게 거듭거듭 행해야 큰 결실과 큰 이익이 있는가?

4. "비구들이여, 여기 어떤 비구가 숲 속에 가거나 나무 아래에 가거나 빈 방에 가거나 하여 가부좌를 틀고 상체를 곧추 세우고 전면에 마음챙김을 확립하여 앉는다. 그는 마음챙기면서 숨을 들이쉬고 마음챙기면서 숨을 내쉰다. 길

게 들이쉬면서는 '길게 들이쉰다.'고 꿰뚫어 알고(pajānāti), 길게 내쉬면서는 '길게 내쉰다.'고 꿰뚫어 안다. 짧게 들이쉬면서는 '짧게 들이쉰다.'고 꿰뚫어 알고, 짧게 내쉬면서는 '짧게 내쉰다.'고 꿰뚫어 안다. '온 몸을 경험하면서 들이쉬리라.'며 공부짓고(sikkhati) '온 몸을 경험하면서 내쉬리라.'며 공부짓는다. '몸의 작용[身行]을 편안히 하면서 들이쉬리라.'며 공부짓고 '몸의 작용을 편안히 하면서 내쉬리라.'며 공부짓는다.

그가 이와 같이 방일하지 않고 열심히, 스스로 독려하며 머물 때 마침내 저 세속에 얽힌 기억과 생각들(sarasaṅkappā)이 사라진다. 그런 것들이 사라지기 때문에 마음은 안으로 확립되고 고요해지고 하나에 고정되어 삼매에 든다. 비구들이여, 바로 이와 같이 비구는 몸에 대한 마음챙김을 닦는다."

5. "비구들이여, 더 나아가 비구는 걸어가면서는 '걷고 있다.'고 꿰뚫어 알고, 서있으면서는 '서있다.'고 꿰뚫어 알며, 앉아 있으면서는 '앉아있다.'고 꿰뚫어 알고, 누워있으면서는 '누워있다.'고 꿰뚫어 안다. 또 그의 몸이 다른 어떤 자세를 취하고 있든 간에 그 자세대로 꿰뚫어 안다. 그가 이와 같이 방일하지 않고 열심히, 스스로 독려하며 머물 때 마침내 저 세속에 얽힌 기억과 생각들이 사라진다. 그런 것들이 사라지기 때문에 마음은 안으로 확립되고 고요해지고 하나에 고정

되어 삼매에 든다. 비구들이여, 바로 이와 같이 비구는 몸에 대한 마음챙김을 닦는다."

6. "비구들이여, 더 나아가 비구는 나아갈 때에도 물러날 때에도 [자신의 거동을] 분명히 알면서[正知] 행한다. 앞을 볼 때에도 옆을 볼 때에도 분명히 알면서 행한다. 구부릴 때에도 펼 때에도 분명히 알면서 행한다. 가사·발우·의복을 지닐 때에도 분명히 알면서 행한다. 먹을 때도 마실 때도 씹을 때도 맛볼 때도 분명히 알면서 행한다. 대소변을 볼 때에도 분명히 알면서 행한다. 걷거나 서있거나 앉았거나 잠자거나 잠에서 깨어나거나 말하거나 침묵할 때에도 분명히 알면서 행한다.

그가 이와 같이 방일하지 않고 열심히, 스스로 독려하며 머물면 마침내 저 세속에 얽힌 기억과 생각들이 사라진다. 그런 것들이 사라지기 때문에 마음은 안으로 확립되고 고요해지고 하나에 고정되어 삼매에 든다. 비구들이여, 바로 이와 같이 비구는 몸에 대한 마음챙김을 닦는다."

7. "비구들이여, 더 나아가 비구는 이 몸이 여러 가지 부정(不淨)한 것으로 가득 차 있음을 발바닥에서부터 위로 올라가며 그리고 머리털에서부터 내려가며 반조한다. 즉 '이

몸에는 머리털·몸털·손발톱·이·살갗·살·힘줄·뼈·골수·콩팥·염통·간·근막·지라·허파·큰창자·작은창자·위 속의 음식·똥·뇌·쓸개즙·가래·고름·피·땀·굳기름·눈물·(피부의)기름기·침·콧물·관절 활액·오줌 등이 있다.'고 비구들이여, 마치 양쪽에 주둥이가 있는 가마니에 여러 가지 곡물, 즉 밭벼·보리·녹두·완두·참깨·논벼 등이 가득 담겨 있는데 어떤 눈밝은 사람이 그 자루를 풀고 반조할 것이다. '이것은 밭벼, 이것은 보리, 이것은 녹두, 이것은 완두, 이것은 참깨, 이것은 논벼다.'고.

이와 같이 비구들이여, 비구는 이 몸이 여러 가지 부정한 것으로 가득 차 있음을 발바닥에서부터 위로 올라가며 그리고 머리털에서부터 아래로 내려가며 반조한다. 즉 '이 몸에는 머리털·몸털·손발톱·이·살갗·살·힘줄·뼈·골수·콩팥·염통·간·근막·지라·허파·큰창자·작은창자·위 속의 음식·똥·뇌·쓸개즙·가래·고름·피·땀·굳기름·눈물·(피부의)기름기·침·콧물·관절활액·오줌 등이 있다.'고.

그가 이와 같이 방일하지 않고 열심히, 스스로 독려하며 머물면 마침내 저 세속에 얽힌 기억과 생각들이 사라진다. 그런 것들이 사라지기 때문에 마음은 안으로 확립되고 고요해지고 하나에 고정되어 삼매에 든다. 비구들이여, 바로 이와 같이 비구는 몸에 대한 마음챙김을 닦는다.

8. "비구들이여, 더 나아가 비구는 이 몸을 처해진 대로 놓여진 대로 요소[界]별로 반조한다. '이 몸에는 땅[地]의 요소, 물[水]의 요소, 불[火]의 요소, 바람[風]의 요소가 있다.'고, 비구들이여, 마치 노련한 백정이나 그 조수가 소를 잡아 각을 떠서 큰길 네거리에 이를 벌려놓고 앉아 있을 것이다. 이와 같이 비구들이여, 비구는 이 몸을 처해진 대로 놓여진 대로 요소별로 반조한다. '이 몸에는 땅의 요소, 물의 요소, 불의 요소, 바람의 요소가 있다.'고.

그가 이와 같이 방일하지 않고 열심히, 스스로 독려하며 머물면 마침내 저 세속에 얽힌 기억과 생각들이 사라진다. 그런 것들이 사라지기 때문에 마음은 안으로 확립되고 고요해지고 하나에 고정되어 삼매에 든다. 비구들이여, 바로 이와 같이 비구는 몸에 대한 마음챙김을 닦는다."

9. "비구들이여, 더 나아가 비구는 마치 묘지에 버려진 시체가 죽은 지 하루나 이틀 또는 사흘이 지나 부풀고 검푸르게 되고 문드러지는 것을 보게 될 것이다. 그는 바로 자신의 몸을 그에 비추어 바라본다(upasamharati). '이 몸 또한 그와 같고, 그와 같이 될 것이며, 그에서 벗어나지 못하리라.'

고,

그가 이와 같이 방일하지 않고 열심히, 스스로 독려하며 머물면 마침내 저 세속에 얽힌 기억과 생각들이 사라진다. 그런 것들이 사라지기 때문에 마음은 안으로 확립되고 고요해지고 하나에 고정되어 삼매에 든다. 비구들이여, 바로 이와 같이 비구는 몸에 대한 마음챙김을 닦는다."

10. "비구들이여, 더 나아가 비구는 마치 묘지에 버려진 시체를 까마귀 떼가 달려들어 마구 쪼아 먹고, 솔개 무리가 쪼아 먹고, 독수리 떼가 쪼아 먹고, 개떼가 뜯어먹고, 자칼들이 뜯어먹고, 별의별 벌레들이 다 달려들어 파먹는 것을 보게 될 것이다. 그는 바로 자신의 몸을 그에 비추어 바라본다. '이 몸 또한 그와 같고, 그와 같이 될 것이며, 그에서 벗어나지 못하리라.'고

그가 이와 같이 방일하지 않고 열심히, 스스로 독려하며 머물면 마침내 저 세속에 얽힌 기억과 생각들이 사라진다. 그런 것들이 사라지기 때문에 마음은 안으로 확립되고 고요해지고 하나에 고정되어 삼매에 든다. 비구들이여, 바로 이와 같이 비구는 몸에 대한 마음챙김을 닦는다."

11. ~ *14.* "비구들이여, 더 나아가 비구는 마치 묘지에

버려진 시체가 해골이 되어 살과 피가 묻은 채 힘줄에 얽혀 서로 이어져 있는 것을 보게 될 것이다 … 마치 묘지에 버려진 시체가 해골이 되어 살은 없고 피는 남아있는 채로 힘줄에 얽혀 서로 이어져 있는 것을 보게 될 것이다 … 마치 묘지에 버려진 시체가 해골이 되어 살도 피도 없이 힘줄만 남아 서로 이어져 있는 것을 보게 될 것이다 … 마치 묘지에 버려진 시체가 백골이 되어 뼈들이 흩어져서 여기에는 손뼈, 저기에는 발뼈, 또 저기에는 정강이뼈, 저기에는 넓적다리뼈, 저기에는 엉덩이뼈, 저기에는 등뼈, 저기에는 갈빗대, 저기에는 가슴뼈, 저기에는 팔뼈, 저기에는 어깨뼈, 저기에는 목뼈, 저기에는 턱뼈, 저기에는 치골, 저기에는 두개골 등이 사방에 널려있는 것을 보게 될 것이다. 그는 바로 자신의 몸을 그에 비추어 바라본다. '이 몸도 또한 그와 같고, 그와 같이 될 것이며, 그에서 벗어나지 못하리라.'고

그가 이와 같이 방일하지 않고 열심히, 스스로 독려하며 머물면 마침내 저 세속에 얽힌 기억과 생각들이 사라진다. 그런 것들이 사라지기 때문에 마음은 안으로 확립되고 고요해지고 하나에 고정되어 삼매에 든다. 비구들이여, 바로 이와 같이 비구는 몸에 대한 마음챙김을 닦는다."

15. ~ *17.* "비구들이여, 더 나아가 비구는 마치 묘지에 버려진 시체가 백골이 되어 뼈가 하얗게 변하여 조개껍질 색깔처럼 된 것을 보게 될 것이다 … 백골이 되어 단지 뼈 무더기가 되어 있는 것을 보게 될 것이다 … 그 백골이 해를 넘기면서 삭아 가루가 된 것을 보게 될 것이다. 그는 바로 자신의 몸을 그에 비추어 바라본다. '이 몸도 또한 그와 같고, 그와 같이 될 것이며, 그에서 벗어나지 못하리라.'고

그가 이와 같이 방일하지 않고 열심히, 스스로 독려하며 머물면 마침내 저 세속에 얽힌 기억과 생각들이 사라진다. 그런 것들이 사라지기 때문에 마음은 안으로 확립되고 고요해지고 하나에 고정되어 삼매에 든다. 비구들이여, 바로 이와 같이 비구는 몸에 대한 마음챙김을 닦는다."

18. "비구들이여, 더 나아가 비구는 감각적 욕망을 완전히 떨쳐버리고 해로운 법[不善法]들을 떨쳐버린 뒤 일으킨 생각[尋]과 지속적인 고찰[伺]이 있고, 떨쳐버렸음에서 생겼으며, 희열[喜, *pīti*]과 행복[樂, *sukha*]이 있는 초선(初禪)을 구족하여 머문다. 그는 떨쳐버렸음에서 생긴 희열과 행복으로 이 몸을 흠뻑 적시고 충만케 하고 가득 채우고 속속들이 스며들게 한다. 온 몸 구석구석 떨쳐버렸음에서 생긴 희열과 행

복이 스며들지 않은 데가 없다.

비구들이여, 마치 노련한 때밀이나 조수가 금속 대야에 목욕가루를 가득 담아놓고는 물을 알맞게 부어가며 계속 이기면 그 목욕가루덩이에 물기가 젖어들고 스며들어 물기가 안팎으로 흠뻑 스며들 뿐, 그 덩이가 물기를 흘려보내지 않는 것처럼. 비구들이여, 이와 같이 비구는 떨쳐버렸음에서 생긴 희열과 행복으로 이 몸을 흠뻑 적시고 충만케 하고 가득 채우고 속속들이 스며들게 한다. 온 몸 구석구석 떨쳐버렸음에서 생긴 희열과 행복이 스며들지 않은 데가 없다.

그가 이와 같이 방일하지 않고 열심히, 스스로 독려하며 머물면 마침내 저 세속에 얽힌 기억과 생각들이 사라진다. 그런 것들이 사라지기 때문에 마음은 안으로 확립되고 고요해지고 하나에 고정되어 삼매에 든다. 비구들이여, 바로 이와 같이 비구는 몸에 대한 마음챙김을 닦는다."

19. "비구들이여, 더 나아가 비구는 일으킨 생각[尋]과 지속적인 고찰[伺]을 가라앉혔기 때문에 [더 이상 존재하지 않으며], 자기 내면의 것이고, 확신(sampasādana)이 있으며, 마음의 단일한 상태이고, 일으킨 생각과 지속적인 고찰은 없고, 삼매에서 생긴 희열과 행복이 있는 제2선(第二禪)을 구족하여 머문다. 그는 삼매에서 생긴 희열과 행복으로 이 몸을

흠뻑 적시고 충만케 하고 가득 채우고 속속들이 스며들게 한다. 온 몸 구석구석 삼매에서 생긴 희열과 행복이 스며들지 않은 데가 없다.

비구들이여, 마치 밑바닥에서 솟아나는 물로 채워지는 호수가 있는데, 그 호수의 동쪽에서 흘러들어오는 물도 없고, 서쪽에서 흘러들어오는 물도 없고, 북쪽에서 흘러들어오는 물도 없고, 남쪽에서 흘러들어오는 물도 없으며, 또 하늘에서 때때로 소나기마저도 내리지 않는다면 그 호수의 밑바닥에서 차가운 물줄기가 솟아올라 그 호수를 차가운 물로 흠뻑 적시고 충만케 하고 가득 채우고 속속들이 스며들게 할 것이다. 온 호수의 어느 곳도 이 차가운 물이 스며들지 않은 곳이 없을 것이다.

비구들이여, 이와 같이 비구는 삼매에서 생긴 희열과 행복감으로 이 몸을 흠뻑 적시고 충만케 하고 가득 채우고 속속들이 스며들게 한다. 온 몸 구석구석 삼매에서 생긴 희열과 행복이 스며들지 않은 데가 없다.

그가 이와 같이 방일하지 않고 열심히, 스스로 독려하며 머물면 마침내 저 세속에 얽힌 기억과 생각들이 사라진다. 그런 것들이 사라지기 때문에 마음은 안으로 확립되고 고요해지고 하나에 고정되어 삼매에 든다. 비구들이여, 바로 이와 같이 비구는 몸에 대한 마음챙김을 닦는다."

20. "비구들이여, 더 나아가 비구는 희열이 사라졌기 때문에 평온하게 머물고 마음챙기고 알아차리며[正念正知] 몸으로 행복을 경험한다. 이 [제3선]때문에 성자들이 그를 두고 '평온하게 마음챙기며 행복에 머문다.'라고 일컫는 그 제3선(第三禪)을 구족하여 머문다. 그는 이 몸을 희열이 사라진 행복으로 흠뻑 적시고 충만케 하고 가득 채우고 속속들이 스며들게 한다. 온 몸 구석구석 희열이 사라진 행복이 스며들지 않은 데가 없다.

비구들이여, 마치 청련이나 홍련이나 백련이 피어있는 호수에 어떤 청련이나 홍련이나 백련들이 물속에서 생성하여 자라 물 밖으로 나오지 않고 물속에 잠긴 채 무성하게 어우러져 있는데 차가운 물이 그 꽃들을 꼭대기에서 뿌리까지 흠뻑 적시고 충만케 하고 가득 채우고 속속들이 스며든다면 그 청련이나 홍련이나 백련의 어떤 부분도 물이 스며들지 않은 곳이 없을 것이다.

비구들이여, 바로 이와 같이 비구는 희열이 사라진 이 행복으로 이 몸을 흠뻑 적시고 충만케 하고 가득 채우고 속속들이 스며들게 한다. 온 몸 구석구석 희열이 사라진 행복이 스며들지 않은 데가 없다.

그가 이와 같이 방일하지 않고 열심히, 스스로 독려하며 머물면 마침내 저 세속에 얽힌 기억과 생각들이 사라진다. 그런 것들이 사라지기 때문에 마음은 안으로 확립되고 고요해지고 하나에 고정되어 삼매에 든다. 비구들이여, 바로 이와 같이 비구는 몸에 대한 마음챙김을 닦는다."

21. "비구들이여, 더 나아가 비구는 즐거움도 버렸고 괴로움도 버렸고 아울러 그 이전에 이미 기쁨과 슬픔이 사라졌기 때문에 괴롭지도 즐겁지도 않으며, 평온으로 인해 마음챙김의 청정함이 있는[捨念淸淨] 제4선(第四禪)을 구족하여 머문다. 그는 이 몸을 지극히 청정하고 지극히 깨끗한 마음으로 속속들이 스며들게 하고서 앉아 있다. 온 몸 구석구석 지극히 청정하고 지극히 깨끗한 마음으로 스며들지 않은 데가 없다.

비구들이여, 마치 사람이 온 몸 머리까지 하얀 천을 덮어쓰고 앉아 있다면 그의 몸 어느 부분도 하얀 천으로 덮이지 않은 곳이 없을 것이다. 비구들이여, 바로 이와 같이 비구는 이 몸을 지극히 청정하고 지극히 깨끗한 마음으로 속속들이 스며들게 하고서 앉아 있다. 온 몸 구석구석 지극히 청정하고 지극히 깨끗한 마음으로 스며들지 않은 데가 없다.

그가 이와 같이 방일하지 않고 열심히, 스스로 독려하며 머물면 마침내 저 세속에 얽힌 기억과 생각들이 사라진다. 그런 것들이 사라지기 때문에 마음은 안으로 확립되고 고요해지고 하나에 고정되어 삼매에 든다. 비구들이여, 바로 이와 같이 비구는 몸에 대한 마음챙김을 닦는다."

22. "비구들이여, 누구든지 몸에 대한 마음챙김을 닦고 거듭거듭 행하는 사람은 영지[明]에 도움되는 유익한 법[善法]들을 포용한다. 비구들이여, 마치 큰 바다를 마음에 품고 있는 사람은 그 바다로 흘러드는 작은 강물도 포용하고 있는 것과 같다. 비구들이여, 바로 이와 같이 누구든지 몸에 대한 마음챙김을 닦고 거듭거듭 행하는 사람은 영지에 도움되는 유익한 법들을 포용한다."

23. "비구들이여, 몸에 대한 마음챙김을 닦지 않고 거듭거듭 행하지 않은 사람은 누구나 마라에게 기회를 주고 마라의 대상이 되어버린다.

비구들이여, 만약 어떤 사람이 무거운 돌멩이를 질퍽한 진흙더미에 던졌다고 하자. 비구들이여, 이를 어떻게 생각하는가? 그 무거운 돌은 질퍽한 진흙더미에 파고들어 가겠는가?"

"그렇습니다, 세존이시여." "비구들이여, 그와 같이 몸에 대한 마음챙김을 닦지 않고 거듭거듭 행하지 않은 사람은 누구나 마라에게 기회를 주고 마라의 대상이 되어버린다."

24. "비구들이여, 만약 바짝 마른 나무토막이 있는데 어떤 사람이 위에서 문지르는 부시막대기를 가져와서 '불을 피워 불꽃을 일어나게 하리라.'고 한다 치자. 비구들이여, 이를 어떻게 생각하는가? 그 사람은 바짝 마른 그 나무토막에다 부시막대기를 비벼대면 불을 피워 불꽃을 일어나게 할 수 있겠는가?"

"그렇습니다, 세존이시여.""비구들이여, 그와 같이 몸에 대한 마음챙김을 닦지 않고 거듭거듭 행하지 않은 사람은 누구나 마라에게 기회를 주고 마라의 대상이 되어버린다."

25. "비구들이여, 만약 텅 빈 물독이 독대에 놓여있는데 어떤 사람이 물짐을 지고 왔다 하자. 이를 어떻게 생각하는가, 비구들이여. 그 사람은 물독에 물을 부을 수 있겠는가?"

"그렇습니다, 세존이시여.""비구들이여, 그와 같이 몸에 대한 마음챙김을 닦지 않고 거듭거듭 행하지 않은 사람은 누구나 마라에게 기회를 주고 마라의 대상이 되어버린다."

26. "비구들이여, 몸에 대한 마음챙김을 닦고 거듭거듭 행한 사람은 누구나 마라에게 기회를 주지 않고 마라의 대상이 되지 않는다.

비구들이여, 만약 어떤 사람이 가벼운 실타래를 가장 단단한 재질로 만든 빗장을 거는 기둥에 던진다 하자. 비구들이여, 이를 어떻게 생각하는가? 그 가벼운 실타래가 가장 단단한 재질로 만든 빗장을 거는 기둥에 파고들 틈을 얻을 수 있겠는가?"

"그렇지 않습니다, 세존이시여." "비구들이여, 그와 같이 몸에 대한 마음챙김을 닦고 거듭거듭 행한 사람은 누구나 마라에게 기회를 주지 않고 마라의 대상이 되지 않는다."

27. "비구들이여, 만약 막 자른 생나무토막이 있는데 어떤 사람이 위에서 문지르는 부시막대기를 가져와서 '불을 피워 불꽃을 일어나게 하리라.'고 한다 하자. 비구들이여, 이를 어떻게 생각하는가? 비구들이여, 그 사람은 막 자른 생나무토막에다 부시막대기를 비벼대면 불을 피워 불꽃을 일어나게 할 수 있겠는가?"

"그렇지 않습니다, 세존이시여." "비구들이여, 그와 같이 몸에 대한 마음챙김을 닦고 거듭거듭 행한 사람은 누구나 마라에게 기회를 주지 않고 마라의 대상이 되지 않는다.

28. "비구들이여, 만약 까마귀가 먹을 수 있을 정도로 넘칠 만큼의 물이 가득 찬 물독이 독대에 놓여있는데 어떤 사람이 물짐을 지고 왔다 하자. 비구들이여, 이를 어떻게 생각하는가? 그 사람은 물독에 물을 부을 수 있겠는가?"

"그렇지 않습니다, 세존이시여." "비구들이여, 그와 같이 몸에 대한 마음챙김을 닦고 거듭거듭 행한 사람은 누구나 마라에게 기회를 주지 않고 마라의 대상이 되지 않는다."

29. "비구들이여, 누구든지 몸에 대한 마음챙김을 닦고 거듭거듭 행한 사람은 신통지(神通智, abhiññā)로 실현시킬 수 있는 법이라면 그것이 어떤 것이든지 간에, 신통지로 그 경지를 실현하기 위해서 마음을 기울이면 그런 원인[āyatana]이 있을 땐 언제든지 그것을 실현하는 능력을 얻는다.

비구들이여, 만약 까마귀가 먹을 수 있을 정도로 넘칠 만큼의 물이 가득 찬 물독이 독대에 놓여 있는데 건장한 젊은이가 그것을 기울이기만 하면 그 물은 넘쳐흐르겠는가?"

"그렇습니다, 세존이시여." "비구들이여, 그와 같이 누구든지 몸에 대한 마음챙김을 닦고 거듭거듭 행한 사람은 신통지로 실현시킬 수 있는 법이라면 그것이 어떤 것이든지 간에, 신통지로 그 경지를 실현하기 위해서 마음을 기울이면 그런 원인이 있을 땐 언제든지 그것을 실현하는 능력을 얻는다."

30. "비구들이여, 만약 평평한 땅에 사방이 둑으로 싸여있고 까마귀가 먹을 수 있을 정도로 넘칠 만큼의 물이 가득 찬 연못이 있는데 건장한 젊은이가 물고를 튼다면 물이 흘러나오겠는가?"

"그렇습니다, 세존이시여." "비구들이여, 그와 같이 누구든지 몸에 대한 마음챙김을 닦고 거듭거듭 행한 사람은 신통지로 실현시킬 수 있는 법이라면 그것이 어떤 것이든지 간에, 신통지로 그 경지를 실현하기 위해서 마음을 기울이면 그런 원인이 있을 땐 언제든지 그것을 실현하는 능력을 얻는다."

31. "비구들이여, 만약 큰 네거리가 있는 평탄한 땅에 마차가 있어 양마가 떠날 채비를 하였고 채찍도 준비되었다면 솜씨 좋고 능숙한 조련사인 마부가 이 말에 올라타 왼손에는 고삐를 쥐고 오른손에 채찍을 잡고서 어디든지 그가 가고 싶은 대로 마차를 몰 것이다.

비구들이여, 그와 같이 누구든지 몸에 대한 마음챙김을 닦고 거듭거듭 행한 사람은 신통지로 실현시킬 수 있는 법이라면 그것이 어떤 것이든지 간에, 신통지로 그 경지를 실현하기 위해서 마음을 기울이면 그런 원인이 있을 땐 언제든지 그것을 실현하는 능력을 얻는다."

32. "비구들이여, 몸에 대한 마음챙김을 반복해서 실천하고 닦고 거듭거듭 행하고 수레로 삼고 토대로 삼고 확립하고 강화하고 노력할 때 이 열 가지 이익이 기대된다. 어떤 것이 그 열 가지인가?"

33. "그는 싫어함과 좋아함을 극복한다. 싫어함이 그를 사로잡지 못하며, 싫어함이 일어나는 족족 이를 극복하고 머문다."

34. "그는 두려움과 공포를 극복한다. 두려움이나 공포가 그를 사로잡지 못하며, 두려움이나 공포가 일어나는 족족 이를 극복하고 머문다."

35. "그는 추위와 더위와 배고픔과 목마름과, 날파리 모기 바람 뙤약볕 파충류에 닿음과, 고약하고 언짢은 말들과, 몸에 생겨난 괴롭고 날카롭고 거칠고 찌르고 불쾌하고 마음에 들지 않고 생명을 위협하는 갖가지 느낌들을 감내한

다."

36. "그는 바로 지금 여기서 행복하게 머물게 하고, 더 높은 마음인(ābhicetasika) 그 네 가지 선[四禪]을 힘들이지 않고 순조롭게 원하는 대로 얻게 된다."

37. "그는 여러 가지 신통변화를 부린다. 하나인 채 여럿이 되기도 하고, 여럿이 되었다가 하나가 되기도 한다. 그는 나타났다 사라졌다 한다. 벽이나 담이나 산을 아무 장애 없이 통과하기를 마치 허공에서처럼 한다. 땅에서도 솟았다 잠겼다 하기를 물속에서처럼 한다. 물위에서 빠지지 않고 걸어가기를 땅 위에서처럼 한다. 가부좌한 채 허공을 날아가기를 날개 달린 새처럼 한다. 저 막강하고 위력적인 태양과 달을 손으로 만져 쓰다듬기도 한다. 심지어는 저 멀리 범천[梵天]의 세계에까지도 몸의 자유자재함을 발휘한다[神足通]."

38. "그는 청정하고 인간의 능력을 넘어선 천상의 귀[天耳界]로써 천상이나 인간의 소리를, 멀거나 가깝거나 모두 들을 수 있다[天耳通]."

39. "그는 또 마음으로 다른 중생이나 사람의 마음을 대하여 꿰뚫어 안다. 그는 탐욕이 있는 마음은 탐욕이 있는

마음인 줄 꿰뚫어 알고 , 탐욕을 여읜 마음은 탐욕을 여읜 마음인 줄 꿰뚫어 안다. 성냄이 있는 마음은 성냄이 있는 마음인 줄 꿰뚫어 알고, 성냄을 여읜 마음은 성냄을 여읜 마음인 줄 꿰뚫어 안다. 어리석음이 있는 마음은 어리석음이 있는 마음인 줄 꿰뚫어 알고, 어리석음을 여읜 마음은 어리석음을 여읜 마음인 줄 꿰뚫어 안다. 위축된 마음은 위축된 마음인 줄 꿰뚫어 알고 산만한 마음은 산만한 마음인 줄 꿰뚫어 안다. 고귀한 마음은 고귀한 마음인 줄 꿰뚫어 알고, 고귀하지 않은 마음은 고귀하지 않은 마음인 줄 꿰뚫어 안다. [아직] 위가 남아있는 마음은 위가 남아있는 마음[有上心]인 줄 꿰뚫어 알고, [더 이상] 위가 없는 마음[無上心]은 위없는 마음인 줄 꿰뚫어 안다. 삼매에 든 마음은 삼매에 든 마음인 줄 꿰뚫어 알고, 삼매에 들지 않은 마음은 삼매에 들지 않은 마음인 줄 꿰뚫어 안다. 해탈한 마음은 해탈한 마음인 줄 꿰뚫어 알고, 해탈하지 않은 마음은 해탈하지 않은 마음인 줄 꿰뚫어 안다[他心通]."

40. "그는 헤아릴 수 없는 전생의 갖가지 삶들을 기억할 수 있다. 한 생 전, 두 생 전, … 이와 같이 그는 헤아릴 수없는 전생의 갖가지 삶들을 모든 형태와 특색을 포함하여 죄다 기억해낼 수 있다[宿命通]."

41. "그는 또 청정하고 인간의 능력을 넘어선 천상의 눈[天眼]으로 모든 중생들이 죽고 태어나고, 천박하고 고상하고, 아름답고 추하고, 좋은 곳[善趣]에 있음과 나쁜 곳[惡趣]에 있음을 본다. 그는 중생들이 각자 지은 바 업에 따라 윤회하는 것을 꿰뚫어 안다[天眼通]."

42. "그는 또 모든 번뇌가 다하여 아무 번뇌가 없는 마음의 해탈[心解脫]과 지혜의 해탈[慧解脫]을 바로 지금 여기서 스스로 신통지에 의해 실현하고 증득하여 머문다[漏盡通]."

43. "비구들이여, 몸에 대한 마음챙김을 반복해서 실천하고 닦고 거듭거듭 행하고 수레로 삼고 토대로 삼고 확립하고 강화하고 노력할 때 이 열 가지 이익이 기대된다."

세존께서는 이와 같이 설하셨다. 비구들은 흡족한 마음으로 세존의 말씀을 크게 기뻐하였다.

몸에 마음챙기는 경이 끝났다.

들숨 날숨에 마음 챙기는 공부

2003년 9월 1일 초판1쇄 인쇄
2023년 3월 6일 개정판6쇄 발행

역   자 | 대림스님
펴 낸 이 | 대림스님
펴 낸 곳 | **초기불전연구원**
　　　　　경남 김해시 관동로 27번길 5-79
　　　　　전화 (055)321-85799
홈페이지 | http://tipitaka.or.kr
　　　　　http://cafe.daum.net/chobul
이 메 일 | kevala@daum.net
등록번호 | 제13-790호(2002.10.9)
계좌번호 | 국민은행 604801-04-141966 차명희
　　　　　하나은행 205-890015-90404 (구.외환 147-22-00676-4) 차명희
　　　　　농협 053-12-113756 차명희
　　　　　우체국 010579-02-062911 차명희

ISBN 89-91743-00-5 03220

값 6,000원